見方・考え方を鍛える
「中学公民」大人もハマる
授業ネタ

河原 和之 著

明治図書

まえがき

　私の実家である京都府木津川市の木津駅近くにマフィンを提供するステキなカフェがある。国道24号線沿いにあり，隣は田園地帯だ。カフェができるまでは，冬場の田園は農業従事者以外は，誰も見向きもしなかった。年末に墓参りに行ったおり，たまたま入ったカフェの窓越し

から見える景色が実に素晴らしかった。ときおり走るJR奈良線の列車と田園地帯のコントラストが，店の風情を高め，客のささやかな和みの時間をつくっているようだった。

　カフェと田園そしてJRのつくる見事な空間に「授業」を考えるヒントがあるように思う。「田園を走るJRの列車」という題材には，これまでは，誰も見向きもしなかったが，カフェ，そして美味しいマフィンを介することにより，素晴らしい情景がつくり上げられた。授業では，一つ一つの何ら脈絡のないモノを繋ぎ，関連性を紐解き，「へっ！」「ウソ！」「ホント！」という驚きや知的興奮を与えることが不可欠である。学ぶ場を提供していく教師や教材は，このカフェと同じ役割を担うべきではないだろうか。

　また，この田園とJRの列車を別の視点から見てみよう。この二つは，誰からも忘れられていたものが，カフェとマフィンにより復活したものである。私たちは，目立たない生徒やヤンチャな生徒を，おきざりにしたまま授業を展開してこなかっただろうか？　多少，こじつけがましいが，そんな自問自答をしてみた。

　私は2012年から『100万人が受けたい「中学社会」ウソ・ホント？授業』シリーズを世に出した。そのおり，本来「学ぶ」とは"新たな発見"をし，"知的興奮"を喚起し"生き方"をゆさぶるものでなくてはならないとした。

3

しかし「学力低位層」や「学習意欲のない」生徒にとっては、『抑圧装置としての授業』になっているのではないだろうかと自問自答した。ここで、ドラマ『塀の中の中学校』の刑務所に収監されている、中学校を卒業していない服役者（千原せいじ）が、学び直す物語を紹介した。「わからない」授業に耐えられず、「俺をやめさせてくれ。もう耐えられない。俺はいじめなどしたことがなかったが、今、俺はいじめをしている。このまま、ここにいたら、どんどんイヤな人間になってしまう」（要旨）と叫び、自殺しようとした物語である。再度、学ぼうとする服役者の気持ちを生かすことができなかった物語の世界が、現実の学校にも、事実として存在することは否めない。いわゆる「できない子」に光をあて、この「カフェ」のようなモノ（授業）があれば救われるのに……と。

　その後、約10年が経過したが、いわゆる「学習意欲」のない生徒への眼差しは、いっこうに変わらないのではないだろうか？　「主体的・対話的で深い学び」がキーワードになっているが、彼らの「学習意欲（主体性）」は問題視されず、「対話」においても「疎外」されている現状がある。また、「思考力、判断力、表現力等」「見方・考え方」を問う「深い学び」は、「知識」「理解」ですらあやうい彼らにとっては埒外であろう。私は、「学習意欲」のない生徒が活躍できる授業への工夫をライフワークとしており、授業力は、このような生徒により鍛えられてきたと思っている。「できる」生徒だけが主役なのではなく「すべての生徒」が意欲的に参加できる「学力差のない」授業を追究するのがプロとしての教師の "仕事の流儀" であろう。

　本書は「見方・考え方」を軸にすえた授業事例をまとめたものである。「できる生徒」＝「活用・探究」、「できない生徒」＝「習得」ではなく、「すべての生徒」が「思考力、判断力、表現力等」「見方・考え方」である "汎用力" を身につける、そんな授業が広がることを願ってやまない。

河原　和之

目　次

まえがき　3

第1章　100万人が受けたい！
**現代社会の見方・考え方を鍛える
授業のポイント**　9

第2章　現代社会の見方・考え方を鍛える
「私たちと現代社会」大人もハマる授業ネタ　27

1 効率と公正　東京の大学定員増禁止　28

2 AI社会　AIは便利か？　それとも脅威か？　30

3 AI社会　東京オリンピック・パラリンピックとAI　34

4 現代社会の特色　高所得層は1％！　アメリカで格差が広がるワケ　36

第3章　現代社会の見方・考え方を鍛える
「私たちと政治」大人もハマる授業ネタ　41

1 立憲主義　憲法と結婚は似てる??　42

2 平等権　女性の校長先生は……　44

3 平等権　障がい者と健常者の境目とは何か？　48

4 平等権　観客のいないサッカーの試合　52

5 自由権　お隣さんの薬局　54

6 参政権　女性選挙権から見える世界　56

7 三権分立　国会の議長はなぜ給料が高いのか？　58

8 三権分立　三権分立はなぜあるのだろう　60

9 国会　参議院で全国区を復活すれば……　64

10 裁判所　マイクロディベートで裁判員制度を考える　66

第**4**章　現代社会の見方・考え方を鍛える
「私たちと経済」大人もハマる授業ネタ　71

1 インセンティブ　やる気をださせる方法　72

2 市場　東海道本線のグリーン車料金　74

3 分業・比較優位　人を活かすこんな考え方　76

4 機会費用　スカイツリー展望台の料金　78

5 価格　ダイナミックプライシング　80

6 価格　廃棄されるキャベツ　　82

7 株式会社　なぜ株式会社がつくられたか？　　84

8 金融　あなたはどの銀行に預金しますか？　　86

9 金融　日本銀行は校長先生？　　90

10 財政　財政赤字解消方法は？　　92

11 社会保障　生活保護費を○○に使わないように！　　94

12 行動経済学　高校中退しないために　　96

13 行動経済学　ジェネリック（後発）医薬品が増えてきたわけ　　98

14 行動経済学　人に流されるあなたでも，世の中のために　　102

15 経済課題　世界を変えたプラザホテルでの合意　　106

16 経済課題　"バブル"と浮かれていたあの頃　　108

第5章 現代社会の見方・考え方を鍛える
「私たちと国際社会の諸課題」
大人もハマる授業ネタ　　113

1 国際連合　国際連合はどんな言葉で話し合ってるの？　　114

2 国際連合　飢餓をなくすために―国連 WFP―　　118

3 国際協調　ロールプレーで北方領土問題を考える　122

4 持続可能性　街の本屋さん　126

5 持続可能性　エネルギーの過去・現在・未来　128

6 持続可能性　なぜ都市化が進むのか？　132

7 持続可能性　移民国家への対応　138

8 持続可能性　パリ協定から日本がすべきことは？　142

9 持続可能性　スマホから見えるこんな世界　146

あとがき　150

第1章

100万人が受けたい！
現代社会の見方・考え方を鍛える
授業のポイント

1 教材誕生の瞬間～なぜ中国人観光客は日本の薬を買うのか～

　二人の卒業生と，三か月に1回程度，小説の輪読会をやっている。その帰り，大阪上本町交差点での会話である。
「ドラッグストアが二つも並んでるってことは，中国人客目当てかな？」
「隣にビジネスホテルがあるから宿泊客目当てだね」
「中国人は，なぜ日本の薬を買いにくるのだろうね」
　こんな会話から教材が誕生した。

「なぜ，中国人観光客は日本に薬を求めてやってくるのか？」
　その背景から中国社会の現状が垣間見える。
「日本に行ったら買わなければならない12の神薬」があるとか……。「アンメルツヨコヨコ」「サロンパス」「命の母A」「龍角散」「熱さまシート」など子どもたちが知っている薬も多い。ヒントを与え，薬名を答えさせる。
T：『なぜ，日本の薬が求められるのでしょうか？』
T：『中国は，基本的に社会主義国ですよね。それがヒントです！』
S：「社会主義って何だっけ」
S：「会社や土地は国のもの」
S：「ってことは病院は国立ってことだ」
S：「それなら病院は，あんまりないのでは」
T：『中国は面積が広く，社会主義国なので，国や地域がつくった病院が中

心です。個人病院もありますが，人口や面積と比較して少ないです』
S：「農村にはほとんど病院がなさそう」
S：「人口の多い都市部に集中していると思う」
T：『そうですね。農村部は病院だけではなく，薬局もかなり少ないです』
S：「病院も混んでそう」
T：『待ち時間が長いです。まず受付で３～４時間は待たないといけません。診察も同様で，一日は覚悟しないといけません。医者は，日本とは異なることがあります。何でしょう？』
S：「各科にわかれていない」
S：「女医さんがいない」
T：『実は医者により診察料が大きく異なります』
S：「へっ！　若い医者とかは安いのかな」
T：『安い医者だと８元で，高い医者だと200元ともいわれています』
S：「都市と農村で医療格差があると，貧しい人はまともな医療を受けられないのでは？」
T：『農村部では，病院の数も少なく，医療費も一旦は全額を払わなければならず，後日，保険分が戻るシステムです。政府は病気をすれば，基本的に市販薬で治すよう指導しています』
S：「市販薬もそう簡単に買えないし，信用度も低いかも」
S：「だから，日本の薬を大量購入するんだ」
S：「でも，これによって日本も潤っているから両方にお得感がある」

第１章　100万人が受けたい！現代社会の見方・考え方を鍛える授業のポイント　11

＊前頁の写真は，奈良市のドラッグストアの写真である。いわゆる「神薬」が大量に並べられている。大阪市のミナミを抱える中央区のドラッグストアは2018年３月末時点で175店。６年前の約２倍になった。さらに半年間で出店が相次ぎ，200店を超えた。心斎橋商店街のアーケード約２kmには，通り沿いだけでも40店舗ほどがひしめいている（2018年末）。

　「知る」ことにより，認識や偏見に変化が生まれる。「なぜ中国人が日本の薬を求めるのか？」という疑問から，中国社会の農村と都市部の格差，そして医療制度を理解することができる。また，「中国人がやってきて，日本の薬を大量に買い込み，現地で販売しているのでは？」「中国人がいっぱいくるから混雑して薬が買いにくい」などの“思い込み”や“偏見”がゆれる。こんな学習は，意欲的に「見方・考え方」を鍛え，「偏見」から自由になる「学び」である。日常の社会生活と関連づけ，社会的事象の関連や本質，意義を捉え，考え，説明したり，現代社会の見方・考え方を働かせることにより，課題解決のあり方をより公正に判断することが大切である。公民的分野は，地理的分野や歴史的分野とは異なり，身近な社会的事象を扱い，題材も多様にあり，日常の世界から，世の中のしくみ（科学の世界）へと誘う授業が可能である。「みえるもの」から，その背後にある「みえないもの」を探求することで社会的事象を多面的・多角的に考察できる。

　現代社会の見方・考え方について，中学校学習指導要領解説では，以下のように定義されている。「社会的事象を，政治，法，経済などに関わる多様な視点（概念や理論など）に着目して捉え，よりよい社会の構築に向けて，課題解決のための選択・判断に資する概念や理論などと関連付ける」として，考察・構想する視点が示されている。社会的事象を読み解き，課題解決に向けた考察・構想する概念として，「効率と公正」「希少性」「民主主義」「協調」「持続可能性」などがある。

　本章では，「現代社会の見方・考え方」を鍛えるポイントを，以下の５点に整理した。

- 「事項」「語句」理解と「見方・考え方」
- 対立と合意，効率と公正から課題を追究
- 分業と交換，希少性，行動経済学などの見方・考え方に着目して，課題を追究
- 個人の尊重と法の支配，民主主義などに着目して，課題を追究
- 協調，持続可能性などに着目して課題を追究

2 「事項」「語句」理解と「見方・考え方」
～「公共料金」「間接税」と「最低賃金制」～

　「累進課税」「公共財」などの「事項」「語句」においても，これまでは理解することに終始していたのが，「見方・考え方」が問われるようになる。一例をあげると，「公共料金」とは，公立学校の授業料，公共交通機関の運賃，電力料金，ガス・水道料金などである。東京地下鉄は最低区間運賃が安い。地下鉄は，運賃を少し値上げしても客は減らないが，低賃金労働者の負担は重い。この低価格運賃がJRや東急電鉄，京急電鉄などの運賃にも好影響を与える（安価な理由はこれ以外にも多様にある）。つまり「公共料金」として，政府や自治体が決定・認可する意味や理由についても考察させることが「見方・考え方」であろう。以上のように，「市場」論理ではなく，「効率と公正」「政府の役割」などの概念から考察することが大切である。

　そして「間接税」である。「酒」「たばこ」「ガソリン」などは特別な税金が課される。「なぜ？」と問うことが「見方・考え方」である。「酒，たばこは身体に悪いから」と素朴な理論による考えで答えるが，「習慣性があるから，税率を上げても税収が安定する」からである。

　素朴な理論から考える授業は，経済学習を楽しく，豊かに，そして「深い学び」へと誘うことができる。「最低賃金は高いほうがいい」というのも，その一つである。2019年では，最高の東京（985円）と最低の鹿児島（761

第1章　100万人が受けたい！現代社会の見方・考え方を鍛える授業のポイント　13

円）で200円以上の差がある。最低賃金がアップすれば，労働者の収入が増え，景気も上向くように思われる。ある会社に「時給700円なら払えるが，時給800円では赤字になる」仕事があったとする。最低賃金が700円なら経営者は雇用するが，800円になれば雇用しないだろう。最低賃金が高くなるほど，賃金が支払えない仕事が増える。そのために社会全体としては，失業者が増えてしまう。低い所得しか得ることができなくて，生活を維持することができない人たちはどうすればいいのか。そのために，「生活保護」や「社会福祉」という「政府の役割」がある。

　また，最低賃金を「全国一律」にしようという動きもある。外国人労働者が，賃金の高い都市部に集中し，地方の人手不足が解消されないからである。しかし，一律化は，大幅な人件費増となり，地方の中小企業の反発は必至である。「最低賃金を全国一律にすべきか」という議論は「見方・考え方」を鍛える。「知識理解」から「見方・考え方」を重視することにより，社会的事象を読み解く概念的枠組みを習得することが可能である。

❸ 対立と合意，効率と公正から課題を追究〜「酷道」〜

　現代社会を捉える視点に「対立と合意」，「効率と公正」がある。中学校学習指導要領では「現代社会」をはじめ「経済」「政治」などすべての単元で記述があり，「見方・考え方」の基本であることがわかる。「学校のクラブ予算の分配」など日常生活から概念を習得した後，「効率」と「公正」の概念から，社会事象や課題を多面的・多角的に考察することが大切である。「酷道」を通して，政治に関する様々な事象や課題を捉え，その妥当性や効果，実現可能性を検証する。

　まず，「酷道を放置しておいていいのか？」を課題とする。

◆酷道って

フォトランゲージ　（右下の国道425の部分は隠しておく）左下の写真はどこか？

S：「山道」「でもけっこう広い」
S：「舗装もされてない」「林道かな」
T：『林道，県道，国道のどれでしょうか？』
　挙手させる。林道と県道に分かれる。右下の隠れた部分を示す。
T：『ここは国道425号線です』
S：「うそっ！　看板が落ちているのでは？」
T：『まぎれもなくここは紀伊半島を横断する国道です』
＊右の地図を示す。

？考えよう　このイラストは，和歌山，奈良，三重を横断する国道425号線だ。その中間地点の十津川村の人口は約3,400人，65歳以上が44％を占める。425号線の沿道にある迫西川集落は，林業が衰退し，人口20人ほどに減少した（2015年）。この「酷道」について知りたいことを質問しよう。

S：「ガードレールはあるのですか？」
T：『対向車とすれ違うほどの幅で，道路わきは崖で，下は川ですが，ガードレールがないところもあります』
S：「何か転がっていますが……」

第1章　100万人が受けたい！現代社会の見方・考え方を鍛える授業のポイント　15

T:『空き缶や小石などですが，大きい石が転がっている箇所もあります』
S:「この村から繁華街までどれくらいかかりますか」
T:『店や病院がある十津川温泉周辺まで車で一時間ほどかかります』
S:「へっ！ それでこの状態では大変！」
T:『一般的に，道路や下水道などのインフラの維持管理・更新にかかる費用は，4～5兆円もかかります。そうなると，利用者が少ない道は整備が後回しになります』
＊和歌山，奈良県の基本方針は以下のようである。
「この付近の整備については，別の重要路線を優先，費用対効果を考えると抜本的改良は現実的ではない」

◆「酷道」を「効率と公正」から分析する

考えよう 「酷道」について「効率と公正」の観点から分析しよう。

S:「ひどい！ 病院まで1時間なのに危険な道を通らないといけない」
S:「こんな状態だから過疎化が進む」
S:「この道筋に住む人は公正とはいえない」
S:「憲法25条に反している」
T:『しかし，利用者が少ない道より多い道を優先する方が効率的ではないですか？』
S:「同じお金を使うなら，多くの人が利益を得るほうが優先されるのか」
S:「お金には限りがあるから効率的に使わないと仕方がない」
S:「他の町では簡単に買い物や病院に行けるのに1時間とは公正でない」

◆対立から合意へ

考えよう この問題を解決する方法を考えよう（対立から合意へ）。

S:「税金を増やす」

S:「悪いけど,それは無理」
S:「役所が生活に必要なものを届ける」
S:「病院に行きたいときは車を配車してくれる」
S:「病院から出向けば」
S:「確かに,道路整備より安くつくかも」
S:「在宅診療ってあるよね」
S:「でも病院が近くにないから無理」
S:「村を出ていく以外にないのでは?」
S:「それはひどい」
S:「もちろん,引っ越しの費用とかは公費で負担する」
S:「確かに,住んでいてもいろいろなことが不便だから,それもいいかも」
T:『十津川村は,行政サービスやインフラ整備のため村内7つの区ごとに集落を集めていくことも考えているようです』

「効率」とは,社会全体で「無駄を省く」という考え方である。それは「より少ない資源を使って社会全体でより大きな成果を得る」という考え方である。国政や地方自治レベルの「財源」をキーワードに,他の事例も考えさせたい。

4 分業と交換,希少性,行動経済学などの見方・考え方に着目して,課題を追究 〜希少性〜

　経済は,限られた資源や時間をいかに使うかを選択するための学習である。世の中に存在する資源量には限りがあり,個人が使える時間にも制限がある。人々の欲望をすべて満たす資源と時間はなく,これを希少性という。希少性の下で何かを得ようとすれば,他の何かをあきらめる必要があり,これをトレードオフという。中学校学習指導要領では,「効率と公正」「分業と交換」「希少性」などの「見方・考え方」を例示している。「機会費用」「比較優位」

などにも着目し関連づけ，経済事象や課題を分析・考察する。また人間は，非合理なふるまいをするということを加味した上で経済事象を分析し，政治・経済政策にも貢献している「行動経済学」の知見や「見方・考え方」から課題を追究したり解決することも可能である。

◆希少性から社会的事象を分析・考察する

Q 発問 世の中では空気はタダ！　空気が貴重と思うときは？

S：「月などの大気圏外」「溺れそうなとき」
S：「PM2.5で苦しんでいる中国」「富士山頂」
T：『希少性とは，要求される量に比べて利用可能な量が少ない状態のことです』

？ 考えよう 土砂降りの夕立，急に傘が希少性を持つのはなぜか？

S：「晴れた日は傘は無用の長物だけど，雨になるとコンビニの傘にお客さんが殺到するくらい価値がある」
S：「普段は忘れられている家の傘が希少性を持つ」

グループ討議 "希少性" の具体例を考えよう。

「パンダ」「キャビア」「ダイヤモンド」「京都のホテル」「最初の携帯電話」「地域個数限定お菓子」「販売食数限定ランチ」「山の水や食料」「お盆の旅行」など，多くの答えがでる。

？ 考えよう 深夜のタクシー料金が高いのはなぜだろう。

S：「運転手が眠いから」（笑）
S：「疲れて運転してるから多少なりとも高い料金を払わないと」
S：「電車がないからタクシーは貴重」
S：「タクシーに乗りたい人が多いのに，タクシーの台数が少ない」

T：『タクシーが希少性を持つということですね』

「概念学習」は，日常の事例から"概念"を習得し（基礎課題），その"概念"を活用し，他の事象や社会的諸課題を分析・探究する。数学の基礎問題から応用問題を解く感覚をイメージするとわかりやすい。

 ## 5 個人の尊重と法の支配，民主主義などに着目して，課題を追究 〜「多数決」の是非〜

民主主義は，個人と社会，自由な公共社会における統治のしくみである。その概念を「多数決」と「三権分立」の見方・考え方から学習する。多数決は日常生活や学校生活でも用いられるが，その「あやうさ」と「不当性」の事例を題材に，現代社会の見方・考え方を鍛える。

◆一階の人がエレベーターの改修？

> **？考えよう** 二人一組になり，AとBのことについて意見交換しよう。
>
> A：一人住まいの男の家に悪漢三人が押しかけてきた。
>   「おい！ この家から出て行け！」
>   「ここは僕の家ですが」
>   「何！」「多数決をしよう！」「3対1でここは俺たちの家だ！」
>
> B：10階建てマンションのエレベーターが故障し，各階からの代表者が集まる理事会が開催された。
>   「問題は誰が費用を負担するかですね」
>   「私は1階に住んでいますからエレベーターは使わないのですが」
>   「1階に住んでいる人も修理代を支払うのはどうかな」「それがいい！！」

S：「両方とも笑えるな」
S：「でも笑えない現実もあるかも」

S:「いじめとか」
S:「とんでもない連中から一人がいじめられるとか？」
S:「俺たち，いじめてないよなって感じだね」
S:「Bもひどいな」
S:「でも現実的にありそう」
S:「クラスで関係ないのに掃除をやらされるみたいな……」
S:「万引きして，Aさんがやりましたってやってないのに犯人にされる」
S:「税金でつくられてる公園を使わせないとか？」
S:「同じように税金を払っているのに私学に行くと授業料が高いよね」
＊多数決の「あやうさ」や「不当性」に加え，「フリーライダー」（ただ乗り）と「公共財」の意味・意義を扱う題材である。

◆そんな遠足，行きたくないのに！

> **❓考えよう** クラスで遠足に行く場所を決めることになった。クラスの大多数はインドア派だ。投票では「遊園地15票」「水族館10票」「博物館8票」「美術館5票」になった。この結果，クラスの遠足は「遊園地」に行くことになった。何かおかしくないか？

S:「多数の意見はそうでないのに，少数の意見になってしまう」
T:『実際こんなことはないですか？』
S:「文化祭の出し物で，舞台にでたいのに，合唱，ダンス，演劇などに意見が分かれ，結局は展示になった」

T：『実際の政治ではどうでしょうか？』

S：「最近の国会は多数決の横暴とかいわれている」

S：「選挙で過半数ないのに当選する」

T：『小選挙区制ですね。2014年，衆議院選のある小選挙区で，自民党候補が107,015票，民主党候補が89,232票，共産党候補が32,830票を獲得し自民党候補が当選しました。民主党と共産党が候補を一本化していたら，当選者は異なっていました』

　多数決は，私たちの社会をよきものにする指針を与えるものではない。民主主義とは，多数派によって決定されたことに従わなければならない制度である。しかし，多数決が多数派の考えばかりを反映するなら，多数派と少数派が共存する社会をつくることは難しい。今，民主主義は，自由な公共社会における統治のしくみではなく，多数派が少数派を排除する制度の別名に変わろうとしていないだろうか。

6 協調，持続可能性などに着目して課題を追究
～「衣服の裏側」～

　中学校学習指導要領解説では「持続可能な社会を形成するについては，ここでは，将来の世代のニーズを満たすようにしながら，現在の世代のニーズを満たすような社会の形成を意味している」とし，「世代間の公平」「地域間の公平」「男女間の平等」「社会的寛容」「貧困削減」などを例示している。例示を見ても明らかなように，本単元は，社会的事象や課題を地理的，歴史的，現代社会の見方・考え方を総合的に働かせながら，私たちがよりよい社会を築いていくために「何をすべきか」という「企画・参画」や「態度」を想定している。

　安価で買えるチェーン店の衣料品を三枚重ねに着て，授業に臨む。私たちが，安くてカジュアルでオシャレな衣服を着ることができる背景に何があるのか？　そのことから「エシカル」（倫理的）に生きることの意味を考える。

第1章　100万人が受けたい！現代社会の見方・考え方を鍛える授業のポイント　21

◆縫製工場の崩落

Q 発問 下のイラストから疑問に思うこと，聞きたいことなどはあるか？

S：「ここはどんな場所だったのか」
S：「爆撃にあったのかな」
S：「誰かが埋もれているのかな」
S：「死んだ人は？」
S：「台風か，地震かな？」
S：「ここにいる人は男性が多い」
S：「女性はどこにいるの」
＊事実を紹介する。

　2013年4月24日，バングラデシュの首都ダッカで，5つの縫製工場が入る8階建てのビルが突然崩壊し，死者数は1,100人以上にのぼった。ビルは大きな亀裂が入っており，警察は操業中止を勧告していた。しかし，操業は強行され，経営者は，入ることを拒否する工員を，「仕事に戻らなければ4月の給料を支払わない」と脅かしたといわれている。工員たちが仕事をはじめた頃，電気が一斉に消え，ビルは大きな音を立てて崩れ落ちた。

◆崩落の原因

？ 考えよう なぜ，こんな惨事になってしまったのだろう。

S：「建物が古かったのでは？」
S：「建て替えなきゃ」
S：「でも建て替えるとお金がかかり安い衣料品がつくれない」
S：「多くの人が働き，重くなった」
S：「そんなバカな！」
T：『もともとこのビルは商業用の建物で，工場設備の重さに耐えられる構造ではありませんでした。一つの階では，500人以上の工員が仕事をし

ていました』

S：「なるほど，かなり重い」

T：『人だけじゃないですよね』

S：「機械」「ミシン」

T：『倒壊事故の責任は，会社やビルを貸した人にありますが，安い洋服を求めている私たち消費者にも少しですが責任はあるように思います』

◆バングラデシュに関するクイズ（回答のみ）

・国土面積は北海道の約2倍，日本の$\frac{2}{5}$で約14万7千k㎡

・人口は約1億6,365万人で日本より多い（2018年）

・宗教はイスラム教

・衣料関係が総輸出額に占める割合は約80％で衣料関係の輸出額は約210億5千万ドルで，中国についで世界第二位の衣料品輸出国である（2013年）

◆世界第二の衣料輸出国

> **❓考えよう** なぜバングラデシュが，世界第二位の衣料輸出国になったのか？

S：「賃金が安いからでは」

T：『日本の月額賃金は，平均約30万円（2012年）だが，ダッカの月額賃金はいくらくらいでしょうか？』

S：「5万円」「2万円」

T：『月額6,240円です（2012年）。他は？』

S：「材料がいっぱいあるから」

T：『材料って？』

S：「綿花」「インドでは？」

T：『バングラデシュはもとはインドだったのが，東西パキスタンに分かれ，東がバングラデシュになりましたからね』

第1章　100万人が受けたい！現代社会の見方・考え方を鍛える授業のポイント　23

S：「じゃあやっぱり綿花？」

T：『ここにタグがありますが，材料に木綿は使われていませんね』

S：「目のいい若者が多い」

T：『老眼での縫製は難しいということですね』

S：「若い人が多く，たくさんの労働力がある」

T：『人口のおよそ半分が25歳以下の若者です』

S：「女性も多い」

T：『縫製工場で働く女性が多いのはなぜでしょうか？』

S：「女性のほうが細かい作業に適している」「仕事が丁寧」

T：『家庭でも縫う機会が多く，働く年頃には一通りの技術が身についています。縫製工場で働く人は約400万人といわれ，そのうち8割が女性で，その大半が10〜20代です』

S：「子どもを働かせている」「児童労働だ」

T：『バングラデシュでは12歳以下の児童の就労は禁止されています』

S：「でも黙って雇っているところもあるのでは？」

T：『いいところに気がつきましたね。1990年前半にある縫製工場で14歳以下の児童就労が明るみになりました。アメリカを中心に不買運動が起こり，1992年には，アメリカでは，児童労働によってつくられた製品をすべて輸入禁止とする法案がつくられました』

◆廃棄される衣料

クイズ 一年あたりの日本の出荷された衣類の量は，約111万 t だ。このうち廃棄されるのは何万 t か？

64万 t ／94万 t ／104万 t

A 答え 94万 t （2019年）

94万 t のうち，86万 t が家庭から出る衣料品である。94万 t のうち，中古

衣料品としてリユースされるのは12.6万 t，リサイクルは10.6万 t である（同2019年）。スチール缶のリサイクル率が90％を超えていることと比べると異常に低いことがわかる。

◆私たちができること

❓考えよう 「洋服」の裏側には「安い賃金で働く女性」「児童労働」「安易に廃棄される衣料品」など，いろいろな課題があることがわかった。この現状を改善するため，私たちができることを "ダイヤモンドランキング" しよう（下記の事項について，上位に「もっともしたい」真ん中に「まあまあ」下段は「する必要はない」とし，番号を入れる）。

① 安い衣服は購入しない
② 洋服のタグを見てどこの国でつくられたものかを確認する
③ 洋服がつくられた国について調べてみる
④ 友だちと衣料品を買いに行った折に話をする
⑤ 縫製工場で働く人たちの生活を保障するための費用を価格に上乗せするよう安価なチェーン衣料品店に要望する。政府や国際機関に，NPO などを通じて要望する
⑥ 安易に廃棄することのないようリサイクル品をときには購入し着てみる
⑦ 衣料品は捨てることなく，リサイクルショップなどに持っていく
⑧ 天然素材，環境にやさしい化学繊維などを使った衣料品を購入する

　最も賛成意見が多かったのは⑦で「私たちがちょっと努力するだけでできる」「リユース率を上げることが大切。店頭で行われている回収運動を利用すればいい」という理由。
　ついで②③⑤⑥で「国の様子を知ることで購入するときに何か影響してくる」「国際機関だと効果があると思うから」などの理由。
　「する必要がない」というのは①で「購入しないと働いている人の生活が

第1章　100万人が受けたい！現代社会の見方・考え方を鍛える授業のポイント　25

できなくなる」「安いものを買わないというのは非現実的」という理由。

　上記以外に「フェアトレードについてもっと興味を持つ」「CMなどで大手衣料メーカーが，エシカルな問題を消費者に伝える」「企業訪問などで知ることが大切」という意見もあった。

　「エシカルファッション」とは，フェアトレード，有機栽培で生産された素材，天然素材，再生利用，そしてローカルメイドなどの衣服を身につけようとする取り組みである。“ちょっとした”身の回りからも，人・社会・地球の今と未来の幸せのために行動することができる。

　公民的分野においては，地理的分野や歴史的分野の学習の成果を活用するとともに，私たちがよりよい社会を築いていくためにはどうすべきかという課題を探究しつつ，多面的・多角的に分析・考察・構想する能力や態度を育成することが重要であろう。

参考文献

・『読売中高校生新聞』2018年2月16日
・日本経済新聞社編『Q＆A 日本経済のニュースがわかる！2019年版』（日本経済新聞出版社）2018年
・長瀬勝彦『改訂版 図解 1時間でわかる経済のしくみ』（ディスカヴァー・トゥエンティワン）2012年
・伊藤和子『ファストファッションはなぜ安い？』（コモンズ）2016年
・長田華子『990円のジーンズがつくられるのはなぜ？』（合同出版）2016年
・『地理統計 2019年版』（帝国書院）2019年

第2章

現代社会の見方・考え方を鍛える

「私たちと現代社会」
大人もハマる授業ネタ

1 効率と公正

東京の大学定員増禁止

1 現代社会の見方・考え方を鍛えるポイント

　集団の内部で利害の対立やトラブルが生じる場合がある。この「対立」から「合意」にいたる判断の基準が「効率と公正」である。本稿では，東京23区の大学の定員増を10年間禁止する法律の是非から見方・考え方を鍛える。

2 展開と指導の流れ

1 東京23区の大学の定員増を10年間禁止

❓考えよう 2018年5月25日，東京23区の大学の定員増を10年間原則禁止する法律が成立した。この法律についてどう考えるか？

　「あまりにも安易」「関西も魅力的な大学をつくればいい」「東京で学びたいというチャンスが奪われる」と圧倒的に反対が多数。
　一方で，「東京に若者が流れすぎ」「地方の人口が減っているからいい」など，賛成意見も散見される。

2 効率と公正から，定員問題を考える

❓考えよう 東京23区私立大学の学生数は約45万人（2015年）で全国の学生の約2割だ。このことを，効率と公正の観点から考えよう。

S：「東京のほうが，図書館や博物館，本屋なども多く効率的に勉強できる」
S：「ますます東京と地方の格差が広まるから公正ではない」

T：『2017年，私立大学の約４割にあたる229校が定員割れです』

S：「地方大学が競争に負けたからしかたない。これが効率」

S：「大学が東京に集まることで駅伝なども強くなっている」

S：「東京に集まり，いろんなことのレベルが上がることが効率」

3 ＋αの展開例

　有識者の意見を紹介し「深い学び」へとつなげる。

・鎌田薫日本私立大連盟会長「定員が増えなければ，授業料収入は増えず，新たな分野に挑戦できない」「東京から地元に帰りたい若者を受け入れる仕事が地方にない現実がある。私大を規制するという考えが一番の問題」

・小池百合子東京都知事「国内で限られたパイを奪い合っている場合ではない」

・立教大学吉岡知哉総長「地方にとってもよくない」

・立命館大学吉田美喜夫学長も，「地方学生の６割は地元就職を望むが，就職率は25％。学生の思いと雇用にギャップがある」と危惧する

参考文献

・『読売中高校生新聞』2018年２月16日

AI 社会

AI は便利か？それとも脅威か？

1 現代社会の見方・考え方を鍛えるポイント

　第4次産業革命といわれる、進化した人工知能（AI）が様々な判断を行ったり、身近なものの動きがインターネット経由で最適化されたりする時代の到来が、社会や生活を大きく変えていくと予測される。本稿では、AIが現在と将来の政治、経済、国際社会に与える影響を考察する。

2 展開と指導の流れ

1　AIとその進化

　「人口知能」（AI）とは何か？　「物事を認識し、自分で判断・行動する機械」「人の手によってつくり出す、人間に近い脳」などの定義が行われている。AIはロボットや家電にも搭載されている。

❓考えよう　AIの進化に関する次の年表にあてはまる事項を考えよう。

	2015年	2020年	2025年	2030年
AIの進化	画像認識で人間を超える	ロボットが熟練した動き	文の意味がわかる	人間の脳並みの人口頭脳
セキュリティー	カメラによる顔認証で遊園地に入れる	カメラで、群衆から（①）	過去の犯罪発生データから警察官を配置	サイバー攻撃対策の高度化
外食	売り場の改善提案	単純な料理や盛りつけ	8割以上の作業を代替する	無人店舗、ロボット（②）

自動車	高速道路など整備された区間の自動運転	郊外の幹線道路での自動運転	注意喚起などの精度の向上	市街地を含むあらゆる道での自動運転
健康・介護	誤診の減少	病気の大部分で予防や延命が可能になる	しなやかに動ける介護や（③）	ロボットが医療チームの一員に
農業	トラクターの無人運転	トマトなど収穫作業の自動化	高付加価値の農作物を（④）を使い直送	同左
家事	掃除ロボットの普及	エネルギー利用の最適化	（⑤）ロボット	常識を備えた執事ロボットの普及

「週刊ダイヤモンド」2016年8月27日号より筆者作成

Ⓐ答え ① 容疑者を数秒で特定　② おもてなし　③ 対話ロボット
④ ドローン　⑤ 洗濯物をたたむ

　共通している構造的変化は，ものの販売からサービス提供へと，また，個人の特性に合わせたきめ細かいサービスへと転換されていく点だ。健康面では，ホームドクターが実現し，食事や運動のアドバイスといった健康管理が行われる。
＊「この進化はすごい！」ベスト3を選び，その理由を考える（略）。

2　なくなる仕事と残る仕事

👥グループ討議　イギリス，オックスフォード大学では，702種類の代表的な職業が，AIを搭載したロボットやコンピューターに仕事を奪われるかどうかを推定しています。次に示した職種で90％以上の可能性のある職種と，5％以下の職種を選びなさい。
　　タクシー運転手／理髪師／レストラン，ラウンジ，コーヒーショップ

第2章　現代社会の見方・考え方を鍛える「私たちと現代社会」大人もハマる授業ネタ　31

店員／レジ係／データ入力／弁護士／旅行ガイド／ファッションデザイナー／銀行窓口業務等／数学者／医師／料理人／エレクトロニクス技術者／電話販売員

A 答え
90％以上：電話販売員（99％）／データ入力（99％）／銀行窓口業務等（98％）／レストラン，ラウンジ，コーヒーショップ店員（97％）／レジ係（97％）／料理人（96％）
5％以下：数学者（4.7％）／弁護士（3.5％）／エレクトロニクス技術者（2.5％）／ファッションデザイナー（2.1％）／医師（0.4％）
ちなみに他は，タクシー運転手（89％）／理髪師（80％）／旅行ガイド（5.7％）

T：『AI が苦手とする仕事はどんな仕事でしょうか？』
S：「新しいものをつくりだす仕事」
S：「人間の細やかな感情が必要な仕事」
S：「コミュニケーションの必要な仕事」
S：「芸術的な仕事」
T：『創造性が必要な仕事ですね。一方で，得意なのは，単純な事務処理です。したがって，中間所得者といわれている職種は AI に代わることが考えらえます』

3 AIの先生はいかが？

一つの職種を選び，AI化による是非を考えさせる。例えば「教師」「ケーキ職人」「会社秘書」「農業従事者」などである。

> **❓考えよう** 学校の先生がロボットになったとしよう。君はこの先生に10点満点中何点を与えますか？　理由とともに考えよう。

〈回答例〉

8点：勉強をうまく教えてくれるが，子どもの微妙な感情がわからない

6点：勉強以外はとても AI では対応できない

4点：先生は勉強だけでなく行事やクラブなどいろいろな仕事がある

2点：ロボットに指導してほしくない

3 ＋αの展開例

新しい技術の導入は，新たな財やサービスをつくり出すことを歴史は示している。蒸気機関も，機関車の動力に使われ，鉄道員や鉄道技師などの雇用を生み出した。つまり，産業の効率化によって，消費需要が増大するか，新しく生まれた産業に労働者が移動することで問題を解決してきた。

参考文献

・井上智洋『人工知能と経済の未来』（文春新書）2016年

・小林雅一『AIの衝撃』（講談社現代新書）2015年

・開発社著／本田幸夫監修『人類なら知っておきたい，「人口知脳」の今と未来の話』（PHP 研究所）2016年

3 AI社会
東京オリンピック・パラリンピックとAI

1 現代社会の見方・考え方を鍛えるポイント

「情報化」については，人工知能の急激な進化などによる産業や構造的な変化などと関連づけ，具体的事例を取り上げることとされている。本稿では東京オリンピック・パラリンピックと人口知能（AI）を題材に考える。

2 展開と指導の流れ

？考えよう 2020年，東京オリンピック・パラリンピックに向けての，AIによる商品・サービスを開発しよう。開発の視点は，障がい者，高齢者，海外からやってくる外国人や，予想される混雑，トラブル，ゴミなどの環境問題に対応できることに留意する。

＊以下に子どもたちが考えた商品・サービス例をあげる。
1 〈商品・サービス名〉小型，高速，高性能ドローン「バード」（60万円）
〈ねらい〉高齢者，外国人，環境にやさしいドローン
　人工衛星のように空を飛び，偵察機能があり，凶器や煙に敏感に反応する。また，備わっているカメラで映像を撮り犯罪が起きても，すぐに対応できる。小型かつ高速なので，各競技の選手を臨場感を持ち撮影できる。
〈効果〉飲み物をスマホを使い注文でき，移動の手間が省け，熱中症対策にもなる。人や飛行機，鳥との衝突をさける機能もついている。

2 〈商品・サービス名〉どこからでもオリンピック（2,980円）
〈ねらい〉会場に行きにくい人も臨場感を持ち楽しめる

　試合状況をAIが読み取り，360度どこからでも試合を観戦できるアプリ。専用の装置をスマホにかぶせることで，立体的な映像がプロジェクションマッピングのように飛びだす。

〈効果〉交通渋滞を防ぎ，高齢者も家で見ることができる。

3 〈商品・サービス名〉Hachi（全自動案内サービス）（29,800円）
〈ねらい〉時間ロスの排除と異文化相互理解

　ぬいぐるみにAIを搭載。車につければ行きたい会場に時間通りに到着できる。座席予約だけでなく，予約しておけば，座席には観戦グッズやフードを設置してもらえ，盗難防止のために専用AIがないと受けとれない。持ち運びが可能で，競技ルールや，その地域の文化・慣習を教えてくれる。

〈効果〉あらかじめ設定しておくので，言語の違いはクリアできる。ぬいぐるみは全自動自動車に相乗りできるので，安全である。

4 〈商品・サービス名〉写輪眼〜SHARINGAN〜（19,800円）
〈ねらい〉多くの人が平等に楽しめ，健康面もカバーできる

　選手や見学者がそれぞれカメラをつけると，その体調が一気にわかる。例えば，血圧，血糖，体内の水分量，アレルギーなどである。また，聴覚に障害のある人には，字が画面に表示される。

〈効果〉熱中症になりそうなときには，音が鳴り，病院に伝わる。聴覚障害者には，音が聞こえなくても文字で表示される。

3 ＋αの展開例

　10作品が作成されたが，プレゼンは「屋台村」形式で行う。

＊本実践は，近畿大学における「教育方法論」の授業で実施した。

第2章　現代社会の見方・考え方を鍛える「私たちと現代社会」大人もハマる授業ネタ　35

現代社会の特色

4 高所得層は1％！アメリカで格差が広がるワケ

1 現代社会の見方・考え方を鍛えるポイント

現代の先進国の特色である，少子高齢化，情報化（AI化），グローバル化などが，将来の政治，経済，国際社会に与える影響について，多面的・多角的に考察し表現できるようにすることが大切である。本稿では，アメリカの貧困と格差の背景や，変化についてジグソー学習を通して考察する。

2 展開と指導の流れ

1 アメリカの貧困と格差

> **Q 発問** 石炭や石油などの主力産業が廃れ，貧困と戦い続けている。低所得者向けの公的な食料配給券に頼る人や，医療保険に入れない人は珍しくない。厳しい現実から逃れようと親が薬物やアルコールに溺れ，その子どもを祖父母や知り合いが育てるケースも多い。この国はどこか。

S：「アフリカの国」「ブラジル」「インド」「シリア」「タイ」「中国」「北朝鮮」
T：『答えはアメリカです』（「うそっ！」の声）

> **クイズ** アメリカでは，上位1％の高所得層が富の何％を握っているか？ また，下位60％の低中所得層が抱える富の割合は何％か？

> **Ⓐ答え** 上位１％が40％（上位５％が70％近くを保有する）の富を握り，下位60％が２％持っている（2015年）。

2 〈ジグソー学習１〉なぜ貧困層が増えたのか？

① ４人グループを９～10組つくる

②「グローバル化」「少子高齢化」「IT化（AI化）」「小さな政府」の意味を簡単に説明する

③ 上記４つの担当を分担する

④ テーマ別学習会（１グループ10分程度）

> **👥グループ討議** アメリカで貧困層が増えたのは，現代社会の特色である３つの要因と「小さな政府」が原因であるといわれている。「貧困」とどのような関係にあるか考えよう。

〈グローバル化グループ〉

・低賃金の外国人労働者が多くなり賃金が下がる

・海外へ企業が移転するので働くところが少なくなる

・英語教育が推進され，できる人・できない人の格差が出てくる

〈少子高齢化グループ〉

・会社はITなどを使えない高齢者に，高い給料を払わない

・少子化により働く人が減ってきた

・少子化によって家族が高齢者への援助ができなくなった

・労働力不足で，企業の賃金が上がると，倒産するところがでてきて失業者が増える

・高齢者が増えると，医療費や年金が増え，生活保護が不十分になる

〈IT化（AI化）グループ〉

・ロボットが仕事をするので働く場所がなくなる

・単純な仕事を機械やロボットがするようになる

第２章　現代社会の見方・考え方を鍛える「私たちと現代社会」大人もハマる授業ネタ　37

・十分な教育を受けていないと IT 化に対応できない

・高齢者や貧困層は科学技術を学ぶ機会がない

・機械化すると人件費が低くなる

〈小さな政府グループ〉

・医療，教育，生活保護を含め十分な補償がないので，社会的弱者が困る

・生活が苦しくなっても自己責任で対処しなければならない

・競争社会なので，教育格差があり，それがずっと続く

・高所得者に有利な税システムになっている

3 〈ジグソー学習２〉なぜ貧困層が増えたのか？

👥👤 グループ討議 テーマ別学習会で学んだ内容を報告し，アメリカで貧困と格差が広がる理由をまとめよう。

〈あるグループの話し合い〉

S：「高齢化により，お年寄りなど収入が少ない人が増える」

S：「アメリカって，何でも自分が責任をとらなくてはいけないから」

S：「IT 化により高齢者はパソコンやスマホを使えないから失業した」

S：「若者は働くところもあり豊かなのかな？」

S：「少子高齢化でお年寄りの面倒を見ないといけない」

S：「国があまり面倒見てくれるわけじゃないから，仕事をやめて，お年寄りの介護が必要なんだ」

S：「人を雇うよりロボットのほうが能率的に仕事をしてくれる」

S：「グローバル化で安い品物が外国から入り，アメリカの工業が衰退した」

4 グループ発表

〈発表例１〉

　少子高齢化により労働人口が減り，海外からの低賃金労働者が多くなりアメリカ人の働く場所が少なくなる。またロボット化により雇用が減る。高齢

者をはじめとする低所得者は，小さな政府のため生活保護が十分でなく医療費などでお金がかかる。

〈発表例２〉

　貧困層や高齢者は教育も十分でないのでIT化に対応できない。グローバル化により，海外からの安い労働力はアメリカ人の雇用を減らすだけでなく，賃金を低下させる。小さな政府なので，医療費を支払えない高齢者が困る。４つのテーマは，悪循環を繰り返し，ますます貧困と格差を生む。

3　＋αの展開例

　格差の拡大を裏づけるデータを紹介する。上位１％の高所得層が抱える富の割合は，1962年は33％であった。それが2016年には，40％に上昇した。これに対して，下位60％の低中所得層が保有する富の割合は６％から２％に低下した。世界全体で注目すべき数字がある。超富裕層が抱える富は１年間で7,620億ドルと拡大している（2016年）。これは，１日1.9ドル未満で暮らす貧困層を救うのに必要な金額の７倍に当たる。

参考文献

・「世界で広がる貧富の差」『今解き教室』2013年７月号，朝日新聞社
・小竹洋之『迷走する超大国アメリカ』（日経プレミアシリーズ）2019年

第3章

現代社会の見方・考え方を鍛える

「私たちと政治」
大人もハマる授業ネタ

1 立憲主義

憲法と結婚は似てる??

1 現代社会の見方・考え方を鍛えるポイント

　我が国の政治が日本国憲法に基づいて行われていることの意義について多面的・多角的に考察する。本稿では「立憲主義」の見方・考え方について「結婚」との比較から考察する。

2 展開と指導の流れ

1 立憲主義って

> **グループ討議**　「憲法」は国民が守らなければならないものか。憲法の条文から，国民が守らなければならない条文を探そう。

S：「意外とない。9条も国が守らなければならないことだし」
S：「思想の自由も，これを侵してはいけないのは国だけ？」
S：「すべて国民は，勤労の権利を有し，義務を負うとある」
S：「でも，私のお母さんは専業主婦で厳密にいえば働いていないのかな……？」
S：「納税の義務がある」
S：「税金がなかったら，道路や学校など何もできないから逆に大変だよ」
S：「警察や消防がなければ本当に困る」
S：「義務といっても，国民のために不可欠なものなんだ」
S：「憲法は国民に向けたものではなく，国などに国民の権利を守りなさいというものなんだ」

42

2 憲法と結婚制度

❓考えよう 好きな人同士が同棲するケースがある。それなら結婚しなくてもいいと思う人もいるが，なぜ結婚するのか？

S：「婚姻届をだしていないと父親がいない子どもになる」

S：「お互い扶養する義務がないから，別れたら放っておかれる」

T：『結婚していたら，別れても子どもを扶養する義務が生じるということですね』

S：「経済的にも助け合わなくてはならない義務がある」

S：「同棲は嫌になったらすぐ別れられるけど，結婚するとけっこう縛られる」

T：『権利を守るための縛りがあります。一概にはいえませんが，結婚制度は結婚した人，その子どもにとってもメリットがあるということですね。つまり，あらかじめ簡単には別れられないしくみにしてあるのです。合理的な自己拘束の一例です。憲法も，簡単には変更できず，そこに書かれた原則に社会全体がコミットすることが意図されています』

3 ＋αの展開例

「立憲主義」を歴史的な観点から考えてみたい。イギリスのマグナカルタからはじまり，権利の章典などは，国王の横暴を制限するために制定されたものである。だが，一方でイギリスは，憲法が存在しない希有な国である。

参考文献

・桐光学園，ちくまプリマー新書編集部編『続・中学生からの大学講義2 歴史の読みかた』（ちくまプリマー新書）長谷部恭男論文，2018年

2 平等権

女性の校長先生は……

1 現代社会の見方・考え方を鍛えるポイント

　民主主義は，個人の尊重あるいは個人の尊厳を基礎とし，すべての国民の自由と平等が確保されて実現するものである。しかし，女性をめぐる人権はいまだに多くの課題や問題を抱えている。本稿では，女性の人権から民主主義的な見方・考え方を鍛える。

2 展開と指導の流れ

1 こんな言葉……「あるある！」？

> **?考えよう** 次のようなこと「あるある！」ってことはないかな？ 一つを選びペアで交流しよう。
> A 女子「弁護士になりたいの」
> 　　男子「え？　弁護士のお嫁さんかな？」
> B 父「女の子は理系が苦手だからな」／母「女の子は地元大学で」
> 　　父「大学にいかなくても手に職をつけたほうがいい」
> C 友人1「君は女子力が高いね」
> 　　友人2「子どもを産んでも仕事を続けるのかな？」
> D 上司「そんなに育休とるの？」／同僚「出世に影響するぞ」
>
> 　　　　　　　　　　　　『朝日新聞』2019年3月9日を参考に筆者作成

〈あるペアの例〉
S：「女子力って何？」

S:「よく気がつくとか?」
S:「それは男子でもいえるのでは」
S:「男子力っていわないよ」
S:「女性は子どもを産むだけって考えはないや」
S:「でも,子育てや家事は女子って考えはあるのでは」
＊話し合った内容を発表する。

 "育児放棄の母親" という言葉が流行したことがある。何が問題か?

S:「育児放棄?」
S:「そのままじゃん」
S:「育児は母親だけではない」
S:「父親も育児をしないといけない」
T:『父親の視点が抜けていますね。このことから,どんな言葉が流行したでしょう?』
S:「イクメン」

2 男女格差国別ランキング

クイズ 2016年,世界経済フォーラムが「男女格差国別ランキング」を公表した。このランキングは政治への関与,経済活動の参加と機会,教育,健康と生存の4分野からなる。日本は144か国中何位か?

口々にいわせる。「50」「30」「70」「100」……。
T:『おしい! 111位です』
T:『上位20位までにどんな国が入っているでしょうか?』
S:「イギリス」
T:『20位です』
S:「ノルウェー」

T：『3位です』

＊1位アイスランド，2位フィンランド，4位スウェーデンと北欧が上位にランクされている。アジアでは，フィリピンが7位，中国は99位である。最下位はイエメンである。

3　日本の男女平等の課題

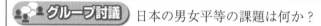 日本の男女平等の課題は何か？

S：「教育はかなり上位じゃないかな？」
S：「女性もけっこう大学に行ってる」
S：「健康もオッケー」
S：「乳がん検診とかきっちりやってる」
S：「問題は，政治への参加と職場への進出では？」
S：「選挙に行かないとか？」
S：「それは男性も同じ」
S：「議員さんの数では？」
S：「確かに女性国会議員は少ない」
T：『2017年発表のデータでは，国会議員に占める女性の割合は世界平均22.8％ですが，日本は9.3％です』
S：「仕事に就いている人は男性が多い」
S：「女性の方が賃金も少ない」
S：「社長も少ない」
S：「学校の校長先生も少ない」
T：『従業員100人以上の企業の部長職で女性が占める割合は6.3％です。また，小中学校の校長・教頭の割合は17.5％です（2016年）』

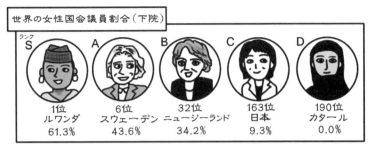

（資料出典：列国議会同盟2017年3月）

＊女性の参画状況を示す（2016年）。
都道府県知事（6.4％）／国家公務員の採用率（34.0％）
地方公務員の採用率（35.1％）／検察官（24.6％）
大学教授（16.7％）／医師（21.1％）

3　＋αの展開例

女性が働きやすい環境づくりについて考える。
・保育所の充実：保育所に入れないというのをよく聞く。子育てと仕事の両立には不可欠
・男性の家事労働を増やす：まだ，家事は女性という現実があるため
・女性管理職の登用：女性が管理職になることによって，働いている女性の現状や気持ちがよく理解してもらえる
「知る」「わかる」だけではなく「何ができるか」という視点が重要である。

参考文献

・『朝日新聞』2019年3月9日

平等権
3 障がい者と健常者の境目とは何か？

1 現代社会の見方・考え方を鍛えるポイント

　基本的人権の理念が，人類の多年にわたる自由獲得の成果であり，過去幾多の試練に堪えてきた価値あるものであることを「障がい者と健常者の境目」から考える。「境目」をなくすのは，経済発展と技術進歩とともに「私たちの意識」であることを確認し，ノーマライゼーション社会のあり方を考える。

2 展開と指導の流れ

1 「障がい」って何？

> **？考えよう**　次のことは，「障がい」なのか。そう思う場合は○，思わない場合は×，わからない場合は△をつけよう。
> ① 心臓の悪い人がペースメーカーを埋め込んで生活している
> ② 白内障の人が水晶体のかわりにレンズをはめ込んでいる
> ③ 歯の悪い人が，入れ歯で生活している
> ④ 脚の悪い人が電動式車いすで生活している
> ⑤ 脚の悪い人が義足で生活している
> ⑥ 視力の悪い人が眼鏡をかけて生活している
> ⑦ 高齢者になり杖をついて生活している

　子どもたちの意見は，③⑥はすべて×。他は意見が分かれる。分かれた

項目について，ペアで意見交換をする。

S：「⑦は高齢者だから障がい者とは異なる」

S：「でも高齢者も身体の不自由な人は障がい者では」

S：「④は自立しているか，いないかがその基準」

S：「⑤は義足の人は何らかの原因で脚を切断したりして不自由だから障がい者では」

S：「でも義足と眼鏡は補助具ということでは同じだから，わからない」

S：「障害者手帳を持っている人は障がい者では」

＊正解を問う課題ではない。「障がい」については多様な考えがあることを理解することが目的である。

2　眼鏡の歴史から考える

　眼鏡をかけることは障がいではないという意見をふまえ，過去においては眼鏡の捉え方は「神の与え給うた苦痛は，その人間の幸せのため，じっと耐えるべきものである」とされ，13世紀のヨーロッパにおいて眼鏡は「悪魔の道具」とされていたことを伝える。

クイズ

① 眼鏡が発明されたのは何世紀ごろか。

　　　　　　　13世紀／14世紀／15世紀

② どこの国で発明されたか。

　　　イギリス／イタリア／ドイツ／ノルウェー

A答え ① 13世紀　② イタリア

＊日本へは，1551年，ザビエルにより伝えられ，山口の大名，大内義隆に眼鏡を贈っている。このとき，「異国の人は4つの目を持ち，2つの目は普通の所にあったが，もう2つの目は，少し離れた所にあり，鏡のように輝いていた」といったそうである。つまり，この時代の人には「眼鏡は怪

第3章　現代社会の見方・考え方を鍛える「私たちと政治」大人もハマる授業ネタ　49

物」にしか見えなかったということだ。

＊眼鏡がなかった昔，人々は年をとれば老眼になった。ローマ帝国の時代は，奴隷に本を読ませたそうである。イタリアで発明されたが，誰が発明したかは不明である。

3 眼鏡が広まったワケ

> **グループ討議** 眼鏡が広まったのは，1445年，ルネサンスのある発明が大きく影響している。それは何か。また教育制度の充実も大きい。眼鏡が広まった理由について考えよう。

S：「多くの字が読めるようになったからでは」
S：「識字率のアップだね」
S：「ルネサンスの発明は？」

＊教科書を調べる。

S：「火薬」「羅針盤」「活版印刷機」
S：「印刷では？」
S：「本を印刷し，識字率もアップし人々が文字を読むようになり眼鏡が普及した」

＊修道院や図書館，大金持ちしか使わなかった眼鏡を普通の人も使うようになり，眼鏡をつくる職人も増えてくる。現在の眼鏡に近いものが発明されたのは1500年代頃である。ちなみにコンタクトレンズは1830年頃，イギリスのハーシュールがはじめて考えだしたとされる。これらにより，「近視」「老眼」などは「障がい」ではなくなった。

3 ＋αの展開例

？考えよう 米マサチューセッツ州マーサズ・ヴィニヤード島では，先天性聴覚障がい者の割合が高い。米国全体の比率は，約6,000人に一人だが，この町は，約150人に一人であり，その中のチルマークという町は25人に一人である。このような町は，どんな様子になるのだろう。グループで考えよう。

「手話が発達して，手話が主な会話手法になる」「看板が多い」「視力がよくなり，口元で会話がわかる」「テレビの字幕が必須になる」「音楽を聴かない」「バリアフリーがあたりまえ」「学校は黒板に書く量が多い」「音楽の授業がない」「黒板に書いて終わり，あまり説明しない授業」「ジェスチャーゲームがはやる」「身体表現がうまくなる」「テレパシー能力の発達」「紙を持ち歩く」など多様な意見があった。

チルマークでは家族だけではなく他の健聴者も手話を習得している。逆転の発想で，声がかき消される騒音が多い場所でも会話ができ，学校では，教師が黒板に書いているときもおしゃべりが可能である。

＊陸上円盤投げの日本記録（62m16）保持者，湯上剛輝選手は，生まれながらにして聴覚障がいがある。普段の生活では人工内耳をつけているが，試合ではそれを外す。無音の世界になり集中できる。障がいを「強み」に変えている。

参考文献

・『朝日新聞』2017年10月21日　松井彰彦論文
・『朝日新聞』2019年4月26日　松木安太郎記事
・松井彰彦『高校生からのゲーム理論』（ちくまプリマー新書）2010年

平等権

4 観客のいないサッカーの試合

1 現代社会の見方・考え方を鍛えるポイント

2014年3月，サッカーJリーグにおいて，史上はじめて無観客試合が行われた。なぜ，こんなことになったのか？ 外国人に関する人権について，個人の尊厳と人権尊重の意義から考察する見方・考え方を鍛える。

2 展開と指導の流れ

1 "JAPANESE ONLY" の垂れ幕

?考えよう 2014年3月に開催されたJリーグのある試合で，サポーターが "JAPANESE ONLY" という横断幕をスタンド通路に掲示した。さて，この後の展開は？

S:「取り外すようにいわれた」
S:「そのことで外国人とトラブルになった」
T:『実は，試合終了まで放置されました』
S:「どうってことないと思ったんだ」

?考えよう 君が観客だったらどうする？

S:「担当の人に連絡する」
T:『これはいけないことですか？』
S:「法に触れることではないが外国人差別だ」
S:「グローバル化の時代にこんな事件はおかしい」

52

T：『試合終了まで放置されたので，次の試合は無観客試合となりました』
＊2014年3月14日の『日刊スポーツ』の写真を提示する。

2　無観客試合の処置は適切だったか

グループ討議　無観客試合の処置は適切だったか？

Aグループ：Jリーグでこれくらいの処置をしたら，みんなにも差別だとわ
　　かる
Bグループ：ヘイトスピーチなど差別があるので，しばらく試合中止でもよ
　　かった
Cグループ：Jリーグをはじめ，あらゆるスポーツでは外国人選手も多く，
　　グローバル化の時代にとんでもないことなので，もう少し厳しい処置をす
　　べき
Dグループ：J2降格や罰金を課してもいいくらいの事件だ
Eグループ：今の日本の現状を考えると，無観客試合くらいではだめだ

3　＋αの展開例

　スポーツをめぐる，外国人に対する人権問題と進展について考えさせたい。
プロ野球の元監督，王貞治氏は，高校時代は甲子園のエースだったが，国民
体育大会には出場できなかった。また，朝鮮高級学校は専門学校との位置づ
けから，長い間，高校ラグビー選手権大会には出場できなかったが，現在は
出場できるようになり準優勝もしている。

参考文献

・『日刊スポーツ』2014年3月14日
・「だれもが生きやすい社会へ」『今解き教室』2015年12月号，朝日新聞社

第3章　現代社会の見方・考え方を鍛える「私たちと政治」大人もハマる授業ネタ　53

自由権

お隣さんの薬局

1 現代社会の見方・考え方を鍛えるポイント

　基本的人権については，抽象的理解にならないように，日常の具体的な事例を取り上げ，基本的人権に関連させて扱う。本稿では，「職業選択の自由」と，薬局と銭湯の距離規制の関係から見方・考え方を鍛える。

2 展開と指導の流れ

1 薬屋の距離制限規定

> **?考えよう** 下の写真は大阪上本町交差点の写真である。1975年までは，この写真のように薬局が近くにあることは「薬事法」で禁止されていた。なぜか？

S：「距離が近いと競争する」
S：「競争したらどちらかが潰れるから？」
S：「でも，それは薬局以外でもある」
S：「薬はあえて競争して買わせるものではない」
S：「ドンドン買ってくださいというのはイメージ悪い」
S：「だから，化粧品やお菓子なども販売しているんだ」
T：『薬は競争にはふさわしくなく，バーゲン品などのようにあえて値下げ

して販売する必要もないので禁止されていましたが，1975年の最高裁で薬事法の距離制限規定が憲法違反になりました』

2　距離制限規定があるもの

❓考えよう　現在でも距離制限規定があるのは銭湯である。なぜか？

S：「家に風呂がある人が銭湯に行かなくなった」
S：「競争すると値段が安くなって潰れる銭湯がでてくる」
S：「競争すると安い石鹸などを使うかもしれない」（笑）
S：「お湯を入れ替えない」
S：「なるほど！　不衛生になるんだ」
T：『銭湯の乱立は経営の悪化から，浴場の衛生設備までお金を回せないということで距離制限規定が合憲になりました。衛生状態と距離制限規定は関係なく，保健所が監督し汚かったら営業停止にすればいいという反対意見もありました』

3　＋αの展開例

「銭湯については，補助金があるので，流行っていなくても赤字になることはないと聞いたことがあります」「銭湯に補助金。確かに利用者は激減していますが，お風呂のない住宅に住んでいる人もいますので，なくすわけにいかないですね」。こんな意見からさらに深めたい。

参考文献

・初宿正典他『いちばんやさしい憲法入門 第5版』（有斐閣アルマ）2017年

参政権

女性選挙権から見える世界

1 現代社会の見方・考え方を鍛えるポイント

「女性選挙権」が認められた（勝ちとった）年から，当時の世界情勢やそれぞれの国の特色や歴史を多面的・多角的に考察する。戦争，人口，黒人差別，先住民族，宗教などから"女性選挙権"を多面的・多角的に考察し，見方・考え方を鍛える。

2 展開と指導の流れ

1 女性の参政権が認められた年

❓考えよう 世界の国々で女性の参政権が認められたのはいつだろう？次の国々で，女性の参政権が一番早く認められた国と遅かった国を選ぼう（ただしある年齢以上の女性全員の参政権が認められた年とする）。

アメリカ合衆国／日本／イギリス／インド／中央アフリカ
ニュージーランド／オーストラリア／サウジアラビア

Ⓐ答え ニュージーランド（1893年）とサウジアラビア（2015年）

2 女性の参政権が認められた背景

・ニュージーランド（1893年）：人口が少なく女性選挙権を認めないと世論を反映できない。

・ヨーロッパ諸国：第一次世界大戦後に女性選挙権を認めた。これは，大戦

56

による男性人口の減少，軍需産業への女性の社会進出，民主主義の進展による。また，対抗的関係にあったロシアが女性選挙権を認めたことにもよる（諸説あり）。

・**日本（1945年）**：憲法をはじめとする民主化の進展。アジアではモンゴルが1924年と早い。

・**インド（1950年）**：イギリスから独立したから。

・**アメリカ合衆国（1965年）**：1920年に女性の選挙権が認められたが，黒人を含めると1965年「投票権法」で確立されたといえる。

・**オーストラリア（1967年）**：1902年に女性の選挙権が認められた。ニュージランド同様，絶対的人口が少ないという要因もある。有色人種や先住民族の選挙権の関係を含めると，1967年になる。

・**中央アフリカ（1986年）**：アフリカ諸国は「アフリカの年」といわれた1960年以降が多い。

・**サウジアラビア（2015年）**：女性に選挙権がないのは，アラブ諸国に多い。しかし，2003年カタール，2002年オマーンで認められた。

3　＋αの展開例

　他のヨーロッパ諸国が軒並み第一次世界大戦後に女性の選挙権が認められたにもかかわらず，フランスでは1945年とかなり遅れて実施される。それは1804年のナポレオン法典によるところが大きい。

参考文献

・菅原由美子・鈴木有子著／藤田千枝編『くらべてわかる世界地図３　ジェンダーの世界地図』（大月書店）2004年

三権分立

国会の議長はなぜ給料が高いのか？

1 現代社会の見方・考え方を鍛えるポイント

政治に関する内容の学習においては，制度についての理解で終わることなく，なぜそのような規定があるのか，その規定を設けた基本的な考え方や意義を理解できることが大切である。本稿では「国民主権」の意味や意義を考察する。

2 展開と指導の流れ

1 議長と内閣総理大臣，そして最高裁判所長官の給料

> **クイズ** 衆議院，参議院議長と内閣総理大臣，そして最高裁判所長官の給料，もっとも高いのは誰か？

内閣総理大臣がもっとも高いという意見が多い。また，三者とも同じという意見もある。議長という意見は少数。議長の歳費は約217万円，内閣総理大臣，最高裁判所長官は約208万円である（2015年）。

2 なぜ，議長の給料は高いのか？

> **考えよう** どうして議長は他の二者と比較し給料が高いのか？

S：「議長が国会をまとめなくてはならないから」
S：「国会は三権の中でもっとも地位が高いから」
T：『憲法のどこに書かれているのでしょうか？』

58

S：「41条に国会は，国権の最高機関であって，国の唯一の立法機関って書いてある」

T：『国会議員は，誰によって選出されますか？』

S：「国民」

T：『内閣総理大臣は，誰が選ぶのでしょうか？』

S：「国会議員の中から選ばれ，国会で選出される」

T：『それでは最高裁判所長官は？』

S：「……」

T：『最高裁判所長官は内閣によって指名され，天皇が任命します』

S：「総理大臣が国会，最高裁判所長官は内閣か」

T：『国民は憲法にどのように位置づけられていますか？』

S：「前文に国民主権と書かれている」

T：『国民から選出された国会議員の長だから，給料も高いということですね』

3 ＋αの展開例

〈議員の特別収入（2019年）〉

・給与　月約130万円

・期末手当＝約600万円（年2回）

・文書通信交通滞在費　月約100万円

・立法事務費　約65万円

・JR無料パス

・秘書3人まで国が負担

〈不逮捕特権〉

　憲法50条には，「両議院の議員は，法律の定める場合を除いては，国会の会期中逮捕されず，会期前に逮捕された議員は，その議院の要求があれば，会期中これを釈放しなければならない」と書いてある。その理由を考えさせたい。簡単に逮捕されるようであれば，議決事項で，賛否が伯仲している場合，事件ででっち上げられ，逮捕されることになりかねないからである。

第3章　現代社会の見方・考え方を鍛える「私たちと政治」大人もハマる授業ネタ　59

三権分立

三権分立はなぜあるのだろう

1 現代社会の見方・考え方を鍛えるポイント

　三権分立を知識として理解させるのではなく、その意義や考え方について理解させる。また、民主政治を推進するためには、公正な世論の形成や政治参加が必要であることを考える。

2 展開と指導の流れ

1 監視者がこんなことを

？考えよう 次の事例の感想をペアで交流し、こんなことが起こった場合、どうするか考えよう。

　障がい者雇用については、2019年、民間企業は2.2%、国や地方公共団体は2.5%を雇用しなければならない。これを監視するのは、各地の労働局である。しかし、中央省庁が、このことに違反をした。
S：「へっ！　必ず、障がい者を何%かは雇用しないといけないんだ」
S：「監視するところが違反するっておかしい」
S：「ところで先生って、長時間働いているといわれているよね」
S：「この場合は教育委員会が監視するのかな」
S：「先生の問題も多い」
S：「教育委員会が問題を起こせば？」
S：「文部科学省が監視する」
S：「文部科学省っていろいろ問題を起こしていなかったっけ？」

T:『本来,監視・指導すべき機関が問題を起こした場合はどうしますか』
S:「監視を強化する機関をつくる」
S:「また,その機関が問題を起こしたら?」
S:「また監視機関をつくる」
S:「延々につくらないと……」

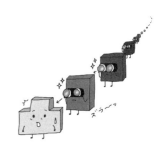

2 監視機関をつくり続けるか?

❓考えよう 最近,国政の機関や個人がいろんな問題を起こしているが,監視機関をつくり続けても解決しない。では,どうすればいいか?

S:「お互いが監視する」
S:「それだと,なんかやりにくくなる」
S:「警察が監視する」
S:「なんか戦争中みたい」
S:「国会,内閣,裁判所は,お互いに監視し合っている」
S:「文部科学省が問題を起こしたときは,国会が追究した」
T:『国会,内閣,裁判所が,お互い監視し合うことを,三権分立といいます』

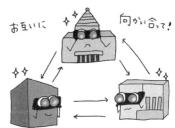

＊教科書の「三権分立」の図から,お互いが抑制したり,チェックし合っていることを確認する。

3 三権と私たちの関係

❓考えよう 私たちが監視することはできないのか?

S:「内閣支持率が気になるらしいから,国民のためにならないことをした

ときは，声をあげる」

S：「ニュースに興味を持ち，選挙のときにはちゃんとした人を選ぶ」

S：「何か問題が起こったときには新聞やテレビでとりあげて批判する」

T：『この間もマスコミが，問題が起こったとき，ニュースなどでとりあげ
ていますが，皆さんは観ていますか？』

S：「あまり観てない」

T：『まずは，関心を持ち，世論により監視することが大切です。だから，
三権分立の中心には「国民」が位置づけられていますよね。また，世論
形成はメディアによりつくられることが多く，その妥当性は私たち国民
がチェックしないといけません』

3　＋αの展開例

　2019年4月7日，相模原市（中央区）議会選挙から，世論との関連で，選挙における投票の意義について考えさせたい。

　中央区の有権者総数は221,852人で，定員は17名，議会選挙の投票率は48.2％であった。だが，獲得数17番目のAさんと，Bさんの得票が，3,158票の同数になった。そこで選挙管理委員会は，くじびきで当落を決定し，Aさんが当選した。

❓考えよう　この結果に対してBさんは，投票用紙の中には自分の名前と類似したものが2票あるとして，異議申し立てを行った。これは認められたか？

Ⓐ答え　異議は認められないとして棄却された。

❓考えよう　君が18歳の相模原市民であり，Bさんに投票予定だったが，投票に行かなかったとして，この事実についてどう考えるか。

S:「夜遅くまで遊んで投票に行かなかったことを反省する」

S:「家でごろごろテレビを観ていないで投票に行けばよかった」

S:「そこまで，Bさんを当選させようと思っていなかったということだから，この結果はしかたがない」

T:『自分の一票なんて，どうってことはないと思っているでしょうが，その一票に“泣く”人もいるってことですね。君の一票は大切な一票です。18歳になったら選挙に行きましょう』

参考文献

・『朝日新聞』2018年10月20日経済季評

国会

9 参議院で全国区を復活すれば……

1 現代社会の見方・考え方を鍛えるポイント

国会を中心とする我が国の民主政治の仕組みを理解する。本稿では、二院制と参議院の存立の意義を理解し、民主政治の見方・考え方を鍛える。

2 展開と指導の流れ

1 二院制は必要か？

衆議院と参議院の違いをクイズで学習する。正面に向かって右側は参議院。天皇の御休所があるのは、帝国憲法時代に貴族院だった参議院、名簿表示が政党順は政党中心という理由で衆議院、あいうえお順なのは、政党の枠を超えた個人という理由で参議院、採決起立は衆議院、押しボタン式は参議院。

衆議院、参議院の違いを、定数、任期、解散などからまとめる。また衆議院の優越について具体例を通して説明する。

> **?考えよう** なぜ二院制なのだろう？

S:「慎重に審議するため」
S:「でもほとんど衆議院の意見で決められてしまう」
T:『アメリカの総司令部が作成した憲法草案では、一院制でした。それが要因です。日本は大日本国憲法の時代から二院制なので、強く主張したことで二院制になっています』

2 参議院選挙で全国区を復活すれば……
＊衆議院と参議院選挙の選挙区や人数を確認する。

> **？考えよう** 日本では1947～1980年まで，参議院選挙は定数100人の全
> 国区として，全国一選挙区で個人名で投票する選挙を行っていた。これ
> を復活するというのはどうか？

S：「なぜ全国区があったのですか？」

T：『全国的に有名な学者や人材を議員にして，いろんな分野の代表者を国
　　政に送りだすことが目的です』

S：「タレントとか？」

T：『実際はそのようなテレビやスポーツ界の有名人も議員になりました。
　　でも，そうでない人もいました。元東京都知事の石原慎太郎さんは文学
　　者でした。また，市川房枝さんは，女性解放に貢献した人です。青島幸
　　男さんという元タレントもいます』

S：「衆議院と参議院の違いがなくなってきているからいいのでは？」

S：「スポーツ界や作家とかが議員になったら政治が身近になる」

T：『それぞれの団体の代表者を国会に送りだすというのが本来の参議院を
　　つくったねらいです。理性の府，参議院の復活を期待したいですね』

3 ＋αの展開例

　「ねじれ国会」のほうがバランスが取れていたことや，二院を「熟練者議
院」「若者議院」にしてはどうかという意見もある。議論させたい。

参考文献
・初宿正典他『いちばんやさしい憲法入門 第5版』（有斐閣アルマ）2017年

10 裁判所
マイクロディベートで裁判員制度を考える

1 現代社会の見方・考え方を鍛えるポイント

　裁判員制度から，国民の司法参加の意義について考察できるようにし，国民が刑事裁判に参加することによって，裁判の内容や国民の視点，感覚が反映されることになり，司法に対する国民の理解が深まることを理解できるようにする。また，裁判員に選出されても，辞退する人が多い現実とその背景を知り，裁判員制度の是非について，多面的・多角的に考察する見方・考え方を鍛える。

2 展開と指導の流れ

1 裁判員制度とは

> **?考えよう**　「裁判員制度」とは，2009年に「市民感覚を裁判に反映する」目的でスタートした制度だ。グループで，裁判員制度についての質問を考えよう。

S：「裁判員は何人か」
S：「何歳以上の人が対象なのか」
S：「誰でも裁判員になれるのか」
S：「免除される人はいるのか」
S：「入院中や病気の人はどうなるか」
S：「仕事が休めないのでは」
S：「交通費はもらえるのか」

S:「障がいのある人も選ばれることがあるのか」

S:「大切な仕事があったときにはどうなるのか」

S:「専門家でない人が判決に関わっていいのか」

S:「殺人事件でも参加するのか」

S:「お金の貸し借りなどの民事事件にも参加するのか」

＊裁判員候補は選挙人名簿から無作為で抽出したリストをもとに，事件ごとにくじで裁判員を選びます。ただし「70歳以上」「学生」「家族の介護」「重要な仕事」などの理由で辞退が認められています（詳細な答えは略）。

2 裁判員の現状

クイズ 当初辞退は53％だったが，2018年，辞退は何％になったか。

約57％／約67％／約77％

A答え 約67％

＊承認率低下の原因について，「審理予定日数が増えていることや，制度施行時に比べ国民の関心が低下している」と説明している。具体的に，2010年は4.2日だったが，2018年は6.4日となっている。

3 マイクロディベート「裁判員制度」

マイクロディベートは，一単位時間で，他者の異見をふまえ，多面的・多角的に考察する学習だ。資料は多様なものを準備しておき，事前学習を15分程度確保する。

マイクロディベート 裁判員制度が実施されて約10年。選ばれても出席する人は約25％だ。「裁判員制度」について，マイクロディベートをしよう。論題は「裁判員制度はやめるべし」だ。

第3章 現代社会の見方・考え方を鍛える「私たちと政治」大人もハマる授業ネタ 67

通常のディベートとは異なり，短時間（10分×３）で実施する。３人チームになり，肯定側，否定側，ジャッジのすべてを経験する。

① 肯定側立論（１分30秒）

② 否定側立論（１分30秒）

③ 否定側の質問と肯定側の回答（１分×２）

④ 肯定側の質問と否定側の回答（１分×２）

⑤ まとめ（１分×２）

⑥ ジャッジ（１：９／２：８／３：７／４：６等のように判定）（１分）

4　マイクロディベートの事例

〈肯定側立論〉

　そもそも裁判員の意見が分かれた場合，その意見に裁判員が入っていなければ採用されないので，民意が反映されているとはいえません。しかも，２審３審は関与できないので意味がありません。もっとも大変なのは，死刑判決を出したときの精神的ストレスです。

〈否定側立論〉

　国民が参加することで，裁判に国民の感覚や声を反映できます。また，裁判への関心が高まり，親近感が湧きます。密室で行われるというイメージが強い裁判の不透明性がなくなると思います。

〈否定側から肯定側への質問〉

　裁判にいわゆる普通の人の意見を反映させる必要はないのですか？

〈肯定側から否定側への回答〉

　普通の人に法律を知らない人が多く，感覚で判断する人が多いので必要はありません。

〈肯定側から否定側への質問〉

　密室といっていますが，裁判は傍聴できますし，マスコミでも報道されますから，そのイメージはおかしくないですか。

〈否定側から肯定側への回答〉

　国民が参加しているというだけで，一般庶民の声が反映されるという裁判のイメージが変わります。

〈肯定側まとめ〉

　強制的な制度で，仕事をしている人には無理があります。出頭率も低く，遺体や傷の写真も見なくてはならず精神的ストレスが強いです。また逆恨みされる可能性もあります。大きい理由は，素人が下す判断が正しいのかという疑問があります。

〈否定側まとめ〉

　裁判に対する国民の信頼が強くなります。また，裁判員裁判の裁判官は，法律にしばられていなく情にそった判決が加味されます。制度的にも強制ではなく辞退することもできるのでいいのではないでしょうか。

3　＋αの展開例

　ゲストティーチャーを招き，「裁判員制度」の意義を話してもらう機会を持ちたい。承認率の低下は，国民に開かれた裁判を絵にかいた餅にしてしまう。

参考文献

・『朝日新聞』2019年5月20日
・『東京新聞』2016年6月6日

第4章

現代社会の見方・考え方を鍛える

「私たちと経済」
大人もハマる授業ネタ

インセンティブ

やる気をださせる方法

1 現代社会の見方・考え方を鍛えるポイント

　インセンティブとは，目標を達成するための刺激や誘因である。企業が販売目標を達成した代理店や，営業ノルマを達成した社員などに支給する，報奨金と説明される経済用語である。本稿では，スポーツからインセンティブの見方・考え方を鍛える。

2 展開と指導の流れ

1 インセンティブって何？

❓考えよう　インセンティブとは，「意欲向上や目標達成のための刺激策」である。君たちが，一生懸命勉強するためには，どんなインセンティブがあればいいか考えよう。

　「将来の夢のため」「勉強することそのものが楽しい」「成績が上がる」「先生や親に褒められる」「おこずかいがアップする」などの声が上がる。

2 プロスポーツとインセンティブ

❓考えよう　プロスポーツでは，やる気をださせるために，どのような方法がとられているか？

S：「優勝したら莫大な賞金がでる」
S：「世界ランキングとかがある」

T：『プロの場合は，お金がキーワードです。アメリカプロゴルフ協会では，男子ツアー賞金は総額の1位18%，2位10.8%，3位6.8%になっています（2016）』

＊オリンピックやIHでも銀銅や入賞が8位まであったりするのはインセンティブといえる。

3　プロ野球のインセンティブ

> 日本のプロ野球選手の賃金体系の一例を紹介する（2013年）。

① 安打数が一安打増える：104万円アップ
② ホームラン数一本増える：623万円アップ
③ 打点数が一点増える：219万円アップ
④ 三振数が一個減る：154万円アップ
⑤ 完投数が一回増える：1,590万円アップ
⑥ 勝数が一勝増える：951万円アップ
⑦ 負数が一敗増える：490万円ダウン
⑧ 自責点が一点増える：123万円ダウン

＊元大リーグのイチロー選手は，「国民栄誉賞」を辞退している。早すぎる名誉は，その後の動機（インセンティブ）を低下させるからだとの意見もある。

3　＋αの展開例

「成績上位者を校内で掲示することはどうか？」ということから，インセンティブを「公正」「人権」などの観点から考える。

第4章　現代社会の見方・考え方を鍛える「私たちと経済」大人もハマる授業ネタ　73

市場

東海道本線のグリーン車料金

1 現代社会の見方・考え方を鍛えるポイント

　市場経済の原理と仕組みについて，身近な事例から考察する。本稿では，コンサートと電車のグリーン車料金で，現代社会の見方・考え方を鍛える。

2 展開と指導の流れ

1 〈基礎問題〉コンサート料金

> **Q 発問** 人気アイドルのライブがある。いくらの料金だったら行くか？
> 2,000円／3,000円／5,000円／10,000円

＊順に挙手させる。
　2,000円（全員）／3,000円（30名）／5,000円（20名）／10,000円（5名）
＊5,000円程度にすると会場も埋まる。

> **？ 考えよう** コンサート料金は誰が決めたのか？

S：「主催者」
S：「いくらだったら，コンサートに行くかということ」
T：『いくらくらいに設定すれば会場がほぼ満席になるかということですね。この価格は誰が決めたの？』
S：「みんなの雰囲気」
T：『これを"見えざる手"といいます』

74

2 〈活用問題〉グリーン車料金の価格

> **❓考えよう** 東海道本線普通車にはグリーン車両がある。休日の東京から藤沢までの料金は2019年，570円だ。この料金は誰が決めたのか？

S：「JRでは？」

T：『JR東日本だけど，東京〜藤沢間を，なぜ570円と設定したのでしょうか』

S：「あまり高いと乗ってくれない」

S：「安いとみんな乗るから意味がない」

T：『つまりゆったり座れるような料金設定にするってことですね』

S：「この料金にすれば適当な乗車になるというしくみから」

T：『JRが高い料金設定をすると，乗ろうとする人が少なくなります。また安いと，多くの人が乗り，混雑してグリーン車の意味がなくなります。料金決定は，"見えざる手"が決めるといわれます』

3 ＋αの展開例

「労働市場」についても考えさせたい。「労働市場」は，2018年6月の有効求人倍率は，1.62倍で，44年ぶりの高い水準だった。倍率が1を超えるというのは，仕事を求める人より企業が出す求人の数が多いということだ。

「結婚市場」について，男女に分かれて激論するのも面白いだろう。ちなみに，2016年の結婚平均年齢は，男性31.1歳，女性29.4歳である。

> **参考文献**
>
> ・日本経済新聞社編『Q＆A 日本経済のニュースがわかる！2019年版』（日本経済新聞出版社）2018年

分業・比較優位

人を活かすこんな考え方

1 現代社会の見方・考え方を鍛えるポイント

経済に関する様々な事象や課題を捉え，考察・構想する際の概念的な枠組みとして「分業」「比較優位」に着目し，経済に関する事象を理解する。

2 展開と指導の流れ

1 パソコンを打つのが早い翔太さん

❓考えよう 翔太さんは，二人でミニコミ誌をつくる仕事をしている。翔太さんは取材力抜群で，パソコンも堪能。一緒に仕事をしている郁子さんは，取材もパソコンも普通の能力だ。二人は，どのように分担すれば仕事が能率的になるだろう。ペアで考えよう。

S：「翔太さんが取材で郁子さんがパソコン」
S：「取材力は訓練で上達しにくいが，パソコンは練習でなんとかなる」
S：「二人で二つの仕事を分担してすると，能率的ではない」
S：「翔太さんのパソコン能力は素晴らしいが，取材に専念することにより，いい誌面をつくることができる」

＊翔太さんは郁子さんに対して「取材」も「パソコン」も「絶対優位」である。

＊翔太さんが，二つの仕事をするための無限の時間はない。そこで，「取材」は翔太さん，パソコンを郁子さんに任せると，郁子さんは翔太さんに対して，パソコンについては「比較優位」を持っているといえる。

2　人を活かす「比較優位」「分業」

❓考えよう　Aワイン工場がある。ここでは知的障がい者が，ワインボトルを1日数回，きっかり90度ずつ回転させたり，ブドウ畑で缶をたたいて，カラスを追い払う作業をしている。この働き方はどこが素晴らしいか？

S：「障がい者はワイン販売が苦手な人が多いように思う。カラスを追い払う仕事をしてくれるから販売に専念できる」

S：「その人に合った仕事をすることで効率的になる」

T：『適材適所をふまえた分業により，作業能率が上がり，生産量もアップします。「比較優位」「分業」の考えは，人を活かすものでもあります』

3　＋αの展開例

　メキシコの経済発展と「比較優位」「分業」の関係を考える。北米自由貿易協定（NAFTA）は米国，カナダ，メキシコ三か国で結ばれた協定である。米国に比して，圧倒的に経済力が劣るメキシコだが，1994年，協定発効以降，経済発展を遂げてきた。対米輸出品目には，米国のほうが生産性が高い機械・電気機器といった工業製品も含まれている。

参考文献

・松井彰彦『市場って何だろう』（ちくまプリマー新書）2018年

機会費用

スカイツリー展望台の料金

1 現代社会の見方・考え方を鍛えるポイント

　経済に関わる社会的事象について考察,構想する概念として「機会費用」がある。本稿では,スカイツリーを題材に,この概念を活用した事例から見方・考え方を鍛える。

2 展開と指導の流れ

1　スカイツリー展望台が2,100円のワケ

> **?考えよう**　2019年,東京スカイツリー展望デッキの大人料金は2,100円で,学生は1,550円である。どうして2,100円もするのだろう。

S:「景色が素晴らしいから」
S:「つくるのに多くの費用を使っている」
T:『東京都庁が完成したとき展望台に行きましたが,そのときの料金はタダでしたよ。建造費もかかっているし,景観も変わりませんけど』
S:「公共のものだから入場料はとれない」
T:『なるほど！　公共施設だからですね！　先生は都庁に行ったときに入場料金を課してほしいと思いました。なぜでしょうか？』
S:「あまりにも景色がきれいだったから」
T:『無料だったので,すごく疲れました』
S:「????」
S:「無料だから人がいっぱい並んでいたのでは？」

T:『そうです！ 2時間も行列に並びました。都庁からの展望を見るために2時間のロスをしたということですね。このような"見えないコスト"のことを"機会費用"といいます』

2 "機会費用"って何？

> **グループ討議** 日常生活で"機会費用"の具体的事例について考えよう。

S：「USJではお金を払えば，並ばなくていいチケットがある」
S：「スーパーやコンビニに行くのが時間のムダなので，高いけど自販機でジュースを買う」
S：「駅前の自転車置き場は200円だけど，近いので使う」
S：「難波で買いたいけど，時間もお金もかかるので，近くで電気製品を買う」

3 ＋αの展開例

「機会費用」の概念を使い，自宅などに配車してもらったタクシー料金が高いワケを考える。「自宅にくるまでにガソリン代を使っている」などの返答もでるが，迎えにくるまでの時間で他の客を乗せることができるため，その分の費用を支払うことを話す。

価格

ダイナミックプライシング

1 現代社会の見方・考え方を鍛えるポイント

ゲームを通じて市場における価格の決まり方について理解し、市場経済の基本的な考え方について学ぶ。本稿では、状況に応じ価格を変動させる「ダイナミックプライシング」から価格変動の見方・考え方を鍛える。

2 展開と指導の流れ

◆Jリーグサッカーの試合、いつチケットを購入するか？

クイズ 大阪市長居競技場でJリーグのサッカーの試合がある。サッカーのチケットは通常は5,000円だが、ホームのチームの活躍状況で、チケット価格は変動する。3人で観戦に行く予定だが、格安で購入できるよう、購入日を8回中3回選ぼう（このクイズで活躍状況は、トランプ札の数字で変動する）。

〈方法〉
① 「チケット購入表」の、チケットを購入する回、3つに○をする
② 教師の指名で順次、トランプをひいていく
③ 8回終了した時点で、選んだ3回の合計をする
④ ベスト10を発表する

〈チケット価格の動き（（）内はトランプの数字）〉

　1回（3）5,500円／2回（1（A））6,000円／3回（8）4,000円

　4回（4）5,200円／5回（6）4,500円／6回（7）4,300円

7回（5）4,800円／8回（2）5,700円

〈Aさんの事例〉　合計14,200円

　3回　4,000円／5回　4,500円／8回　5,700円

〈トランプの数字〉

1（A）：この試合に勝てば優勝
　　（＋1,000円）

2：優勝を争っているチームとの
　　戦い（＋700円）

3：ホームのチームに外国人有名
　　選手がやってくる（＋500円）

4：対戦相手に有名なプレーヤー
　　がいる（＋200円）

5：試合に負けたらBリーグに
　　落ちる（－200円）

6：順位も決まり単なる消化試合
　　（－500円）

7：悪天候で観戦環境が悪化（－700円）

8：チケットの販売状況がかなり悪い（－1,000円）

※実際のチケット価格も，対戦相手や天候，販売状況によって変動する。

〈チケット購入表〉

購入回	3つに○	トランプ数字	チケット価格
1			
2			
3			
4			
5			
6			
7			
8			
合計			

3　＋αの展開例

　価格の決まり方について，需要と供給の関係で考える。このゲームにおいて，供給量は一定であり，需要量により価格は変動する。1〜4の試合については，需要量が多いので価格は上昇する。また，5〜8については，需要量が少ないので価格は下落する。

価格

廃棄されるキャベツ

1 現代社会の見方・考え方を鍛えるポイント

　価格の決まり方から市場経済の基本的な考え方を理解できるようにする。本稿では「廃棄されるキャベツ」から「市場価格」と「独占価格」について考察する。

2 展開と指導の流れ

1 キャベツの廃棄

> **フォトランゲージ** キャベツを廃棄している写真を提示（略）。この写真は何か？

S：「キャベツをトラクターで廃棄している」
T：『なぜこんなもったいないことをするのでしょう？』
S：「あまり美味しくないキャベツだから」
S：「あまりにも育ちすぎて価格が下がる」
T：『そうですね。需要と供給の関係による価格を市場価格といいますが，このケースは供給が多くなりすぎて，価格が下がるケースです。多いときでどれくらいのキャベツが廃棄されますか？』
S：「100 t」「5万 t」
T：『約1万 t といわれています。白菜や大根が緊急廃棄されているケースもありますよ。2005年度は25回の廃棄が行われています』

2 キャベツ廃棄の背景

> **❓考えよう** せっかくつくったのに廃棄しないで売ればいいのではない
> か。

S：「なるほど！　いい意見だね」

S：「安くなるから損するのでは？」

S：「廃棄しないで販売する農家もあるのでは」

T：『野菜の安定供給と生産者保護という名目で1980年にはじまった緊急需
　　給調整という名の廃棄処分です。しくみは，生産農家が農協を通して野
　　菜の廃棄を農水省に届け出て，そして廃棄が実行された量にあわせて交
　　付金が支払われるというしくみです』

S：「へっ！　お金がでるんだ」

T：『約１万ｔだと，１kgあたり27円が支払われます。すべて実行されれば
　　交付金は２億6,217万円になります。価格調整を農協を通じて農家が行
　　うということでは独占価格ともいえます』

3 ＋αの展開例

　農林水産省と有識者の意見を紹介し，賛否を問う。

・農林水産省「キャベツは保管がきくわけでもなく，需給の低迷で値下がり
　している。ので，緊急措置的に価格を支えたり，需給のバランスをとる措置
　として進めている」

・早稲田大学　堀口健治教授「今，日本は加工用の野菜はかなり輸入原料に
　依存している。そういうものに代わって，国産野菜をつぶすのでなく，一
　定期間貯蔵しながら加工に向けていく。そういう形での品種改良，工夫の
　余地はまだあると思っています」

第４章　現代社会の見方・考え方を鍛える「私たちと経済」大人もハマる授業ネタ　83

7 株式会社

なぜ株式会社がつくられたか？

1 現代社会の見方・考え方を鍛えるポイント

　抽象的な内容や細かな事柄を網羅的に学ぶのではなく，「なぜそのような制度やしくみをつくったのか」「なぜそのそのようなしくみがあるのか」を理解できるようにする。本稿では「株式会社」の発生から見方・考え方を鍛える。

2 展開と指導の流れ

1 航海への不安

グループ討議 1600年頃，香辛料を求めて，インドや東南アジアへと航海する時代。君が，航海を主導するとして，どんな不安があるか？

S:「ポンコツな船なので，沈没するかもしれない」
S:「途中で海賊に会い，せっかく買ってきたコショウを取られるかもしれない」
S:「地球が丸いっていわれているけど，信じられない」
S:「コショウはアジアにあるといわれているが，ホントにあるのか」
S:「航路から外れて，目的地に着くかわからない」

2　株式会社のはじまり

> **❓考えよう** 当時の航海は危険で成果もない可能性があり，莫大な損害が出るかもしれない。君だったらどうするか？

S：「保険に入る」

T：『いい方法ですね，損害保険です。しかし当時，保険はありません』

S：「損するかもしれないので，香辛料をかなり高く販売する」

S：「雇うのが安くてマッチョな，犯罪を犯した人を雇う」（笑）

T：『笑っていますが，コロンブスは，危険な航海に誰も同行してくれないので，犯罪を犯した人と航海をともにしました』

S：「3回くらい航海したら1回くらいは失敗かな？」

T：『失敗を全部，自分がかぶるのは嫌ですよね』

S：「誰かの責任にする」「みんなで責任を分担する」

T：『それまでは，航海1回ごとに出資者を募り，その航海で得た利益を分配していました。航海が失敗してしまえば出資したお金も戻ってきません。そこで，航海の失敗による大損のリスクを軽減し，効率よく資金集めをするために考えだされたのが株式会社というシステムです』

＊1602年のオランダ，東インド会社がそのはじまりであることを確認する。

3　＋αの展開例

　株式会社では広く出資者を集め，多くの資金を使い複数回の航海をし，そこで得た利益を分配した。これは，「配当」のはじまりともいえる。一攫千金を狙うのではなく，継続した事業として利益をだそうというわけである。

参考文献

・さくら剛『経済学なんて教科書でわかるか！ボケ!!…でも本当は知りたいかも。』（ダイヤモンド社）2019年

第4章　現代社会の見方・考え方を鍛える「私たちと経済」大人もハマる授業ネタ　85

金融

あなたはどの銀行に預金しますか？

1 現代社会の見方・考え方を鍛えるポイント

　家計の貯蓄は，金融機関が介在し企業の生産活動のための資金として，円滑に循環する。本稿では，金融機関の融資のあり方にも視点を広げ，金融についての見方・考え方を鍛える。

2 展開と指導の流れ

1　1,809兆円

> **クイズ** 日本の2018年度の国家予算は97兆7,128億円だ。では，1,809兆円という額は何か？

S：「国家予算の20倍くらいだ」
S：「日本でもっとも大きい会社が持っているお金？」
S：「そんな大きい会社はないって」
S：「日本人全員が持っているお金の総額」
T：『この数字は，日本人が保有している金融資産の総額です（2018年）。つまり，これだけのお金が金融機関に預けられているということです』

2　金融機関って

> **Q 発問** ところで「金融機関」って何か？

S：「銀行」「郵便局」「信用金庫」

T：『銀行ですかね？　農協もそうです。他には？』

S：「サラ金」

T：『消費者金融ですね。生命保険会社や損害補償会社も金融機関です。ところで，金融機関は，集めたお金をどう使っているのでしょうか』

S：「銀行員の給与」

T：『それだけだったら，莫大な給与ですよ』

S：「会社などに貸しつける」

T：『みんなから集めたお金を必要な会社や個人に貸しつけているわけです』

S：「なるほど！　有効に使ってくれてるわけだ」

3　どの銀行に預金するか？

> **❓考えよう**　私たちが預金したお金が，どんなところに融資されているかを知ることが大切だ。実際の現状では，使い道は不透明だが，融資先がクリアになっていると仮定して，君は，どこの金融機関に預金（加入）するか？　グループで二つまで選ぼう（銀行の金利はすべて同じ）。

・A銀行：その銀行に系列会社が多くある大銀行である。駅前などに支店があり，預金をおろすにも便利である。系列会社は，大企業が多く，そこを中心に融資している

・B信用銀行：中小企業の多い町にある地方銀行である。融資は主にその銀行のある町の中小企業に行っている。中には80％も水量を節減できる「水道バルブ」の改良をしている会社もある

・C農協：米づくり地帯にある農協である。融資先は主に，品種改良や，大型機械により農業を改善しようとしている農家に貸しつける

・D銀行：中小銀行だが，観光都市に立地しており，古民家の修繕や，新たなホテル建設，カフェの経営など観光活性化に向けた融資をしている

・E銀行：フェアトレードのチョコやコーヒーを販売している会社や，比較的高価だが，国産材を使った住宅や家具をつくっている会社に融資してい

第4章　現代社会の見方・考え方を鍛える「私たちと経済」大人もハマる授業ネタ　87

る

・F生命保険：中小企業の生命保険会社だが，癌の撲滅に向けたキャンペーンや，新薬開発をしている会社に融資している

4　グループの話し合い

〈ワークシート〉

選んだ銀行	選んだ理由

〈話し合い例1〉B＆C

S：「Bに書いてある会社はテレビで見たことがある」

S：「自動的に節水できるなんてすごいし，広めていきたい」

S：「中小企業は，なかなかお金を貸してもらえないので，倒産する会社もある」

S：「東大阪も1万くらいの会社があったのに，今は6千になっている」

S：「融資はするが，倒産したら銀行は大変では？」

S：「そうならないように融資するってことでは」

S：「Cは，食料自給率が低下し，外国から安い農作物が輸入されてくるから，日本の農業を救わなきゃ」

S：「美味しい米の改良とか」

S：「農業ってハードな仕事だから，機械を買えない農家も大変だから」

S：「機械化によって，生産性も上がる」

〈話し合い例2〉D＆E

S：「Dは，多くの外国人が日本に観光にきていることからも価値はある」

S：「古民家の宿泊施設やカフェは，外国人だけではなく日本人にも人気があり，街の活性化は大切なことだから」

S：「Fは，いいんだけど，ホントに大丈夫かな」

S：「フェアトレードのチョコとかコーヒーを買ってくれるかな」

S：「でも，原料のカカオを栽培している国は，いつまでも貧しいから」

S：「国産材は高くない？」

S：「安い海外の材木のほうが無難では？」

S：「でも，それを進めてきたから，ブラジルの熱帯林などが消滅したのでは」

3　＋αの展開例

　金融機関の CSR について調べる。ここでは，奈良県にある南都銀行の事例について紹介する。HP には「悠久の歴史の中で守られてきたこの素晴らしい風土を後世に引き継ぐため，地域のリーダーシップを取って，環境の保全と循環型社会の形成に努めてまいります」とし，「吉野の森と林業を守る『Yoshino Heart プロジェクト』」「木づかい運動」「林業・木材産業支援」「河川美化活動」などが紹介されている。

参考文献

・一般財団法人 Think the Earth『未来を変える目標 SDGs アイデアブック』（紀伊国屋書店）2018年

金融

日本銀行は校長先生？

1 現代社会の見方・考え方を鍛えるポイント

　抽象的な内容や細かな事柄を，網羅的に用語の解説や制度についての解説をするのではなく，「なぜそのような制度やしくみをつくったのか」「なぜそのようなしくみがあるのか」を理解できるようにする。本稿では「日本銀行」の役割から見方・考え方を鍛える。

2 展開と指導の流れ

1 校長先生と日本銀行

Q 発問 校長先生と日本銀行は似ていることがある。何か？

S：「銀行のトップ」
S：「お金をいっぱい持っている」
S：「何をしているかわからない」
T：『普通銀行は身近ですが，日本銀行は遠い存在で，仕事もわかりにくいです。でも，リーダーとして銀行を統率し，ときには困った銀行を助けることもあります』
S：「先生も校長先生に助けてもらっていることがあるのですか」
T：『クラスが崩壊しそうになったら相談します』（笑）
S：「銀行も大変になったら助けてくれるのですか」
T：『銀行同士がお互い貸し借りしていますから，一つの銀行が破綻すると他の銀行にも影響を与えます。公的資金を援助して救わないと預金者も

困るでしょう』

2　日本銀行の役割

　教科書の日本銀行の3つの役割を確認する。

> **Q 発問**　日本銀行の大きい役割は「日本銀行券」の発行だ。自動販売機で紙幣を使ったことがある人はいるか。

＊ほとんどの生徒が挙手。

T：『紙幣が挿入しにくいとか，商品購入が不満ということはないですか』

S：「そんなことは思ったことがない」

T：『それは，日本銀行が古くなった紙幣を適時，交換しているからです。日本銀行は，紙幣がスムーズに流通するよう発行しています』

S：「僕たちは日本銀行からお金を借りることはできるのですか」

T：『できません。普通の銀行が日本銀行にお金を預けたり借りたりしています。だから「銀行の銀行」といわれています』

＊各銀行が口座を日銀に持っている。銀行は，自行に預けられた預金の一定の割合を，日銀の口座に保持しておくことが定められている。

3　＋αの展開例

　「政府の銀行」として，日本政府の予算が日本銀行に預けられ，管理されている。適時必要になったときに支出する。また，「お金の流通量」を調節して，景気をコントロールする。景気が悪くなると，普通銀行から国債を買い，通貨の流通量を増やし，景気をよくする。

> **参考文献**
>
> ・さくら剛『経済学なんて教科書でわかるか！ボケ!!…でも本当は知りたいかも。』(ダイヤモンド社) 2019年

10 財政

財政赤字解消方法は？

1 現代社会の見方・考え方を鍛えるポイント

財源の確保と配分という観点から，日本の財政危機と，その解決が難しい現状を理解する。

2 展開と指導の流れ

1 日本の財政赤字

クイズ 日本の財政赤字は約900兆円になり，地方財政と合わせると1,100兆円を超えている（2017年）。1,100兆円という額は，日本のGDP（国民総生産）の約何倍か？

約1.5倍／約2倍／約3倍

答えは「約2倍」。家庭に例えると，収入の2倍の借金があることになる。

2 簡単！ 借金の返済～インフレ～

考えよう 政府は，国債を発行し借金を返済している。新規国債発行額は毎年30数兆円だ。しかし，簡単な方法がある。日本銀行でたくさん紙幣を発行して，インフレにすれば簡単に借金を返せるが，どうか。

S：「お金をたくさん発行するってことは，それだけお金の価値がなくなるってことか」

T：『100倍のインフレになるとどうなるでしょう？』

S：「1,000兆円の借金が10兆円になる」

S：「10兆円ならすぐに返却できそう」

S：「私たちの借金も$\frac{1}{100}$になるってことか」

T：『でも，他の問題が出てきます』

S：「物価が100倍になる」

S：「100円均一ショップは，10,000円均一ショップになる。ちょっとだめかな」

3 増税はいかが？

> **②考えよう** 消費税を50％にし，所得税を2倍にすれば数年で返済できるが……？

S：「税金アップは，国民の生活が苦しくなる」

S：「苦しくなるだけでなく，みんなが商品を買わなくなって困る」

T：『商品が売れなくなると……？』

S：「会社が倒産したり，儲からなくなり，失業者が増える」

S：「国の借金をどうするかは，ホント難しい」

3 ＋αの展開例

　ギリシャの財政危機と比較する。ギリシャには基幹産業が特になく，農作物の市場や観光客が国家財政を支えていた。しかし2008年，リーマンショックが発生すると，一気にその矛盾が噴出した。ギリシャと日本との財政危機の違いは，ギリシャは諸外国に膨大な借金を抱えていて，増税や予算の削減などの緊縮財政をとる他はなかった点だ。つまり，家庭に例えると，日本はお父さんが家族のみんなから，ギリシャはサラ金から借金していたと考えるとわかりやすい。

第4章　現代社会の見方・考え方を鍛える「私たちと経済」大人もハマる授業ネタ　93

社会保障

生活保護費を○○に使わないように！

1 現代社会の見方・考え方を鍛えるポイント

　財政の現状や少子高齢化社会などをふまえ，受益と負担の均衡のとれた持続可能な社会保障の構築など，これからの福祉社会の目指す方向について理解する。本稿では，生活保護費をギャンブルに使用することを禁止する条例から考える。

2 展開と指導の流れ

1 小野市福祉給付制度適正化条例

> **クイズ** 2013年3月，兵庫県の小野市で「小野市福祉給付制度適正化条例」が制定された。どんな内容だろう。
> A 生活保護費でのギャンブル禁止／B 生活保護費で乗用車の購入禁止
> C 生活保護費で住宅購入禁止／D 生活保護費でアルコール購入禁止

> **答え** A 生活保護費でのギャンブル禁止（俗称「生活保護費でギャンブル禁止条例」）

- 禁止事項は，給付金の不正な受給，パチンコ，競輪，競馬その他の遊技，遊興，賭博などに費消し，その後の生活の維持，安定向上を図ることができなくなるような事態を招くこと
- 市民や地域社会にも責務を定め，不正受給やパチンコなどで保護費を浪費する人を見つけたら，速やかに市に情報提供する

・情報提供しなくても，罰則の規定はない

2 あなたは賛成？ それとも反対？

> **❓考えよう** この条例に対して全国から約1,700件の意見が寄せられた。約6割が賛成。約4割が反対だった。あなたはどう考えるか？

〈賛成〉

・生活保護はお金が足りないから，それを補う制度。衣食住以外のことに使うのはよくない
・人々からの税金によって支援されているのに無駄にしている
・生活保護費は，人が生活していく上で必要最低限度の額であるので，その金をギャンブルなどで浪費すべきではない
・ギャンブルするお金を渡しているわけではない
・罰則がないのでは何の意味もない

〈反対〉

・市民が監視するのはおかしい
・お金は持っている人のもの。ギャンブルで資産を増やすのもオッケー
・女性は化粧などおしゃれでお金を使うのに男性はない。女性は美しく着飾るという楽しみがあるが男も息抜きがいる
・趣味の人もいるので，それを取り上げてしまうのはおかしい

3 ＋αの展開例

　生徒の意見を小野市に発信することで，よりリアル感を持ち切実に考えることができる。

参考文献

・大山典宏『生活保護 VS 子どもの貧困』（PHP 新書）2013年

第4章　現代社会の見方・考え方を鍛える「私たちと経済」大人もハマる授業ネタ　95

行動経済学

高校中退しないために

1 現代社会の見方・考え方を鍛えるポイント

「宿題を早くやる」「もらったおこづかいをすぐに使わない」などの「自制力」は，将来の消費生活だけではなく，高校中退，喫煙，飲酒，計画外妊娠などとも関係している。行動経済学（自制心）と人生との関連を考察する。

2 展開と指導の流れ

1 心理テスト

Q 発問 あなたは次のどれか？
① A 今日10,000円をもらえる
　 B 一か月後に10,500円もらえる
② A 夏休みの宿題は夏休み終了ぎりぎりにする
　 B 7月中にほぼ終える
③ A 買い物，70％オフの商品をつい買ってしまう
　 B 買い物，70％オフの商品でも買わない

2 自制心と人生

Q 発問 上の発問で，3つAであった人は，つぎのことになるかも……。その可能性はBを選んだ人の何倍くらいか考えよう。

＊指名し答える。

① 高校中退　2.28倍

② 10代での計画外妊娠　1.79倍

③ 早期喫煙　1.68倍

3　経済的には……

❓考えよう　自制心が不十分な人は，「貯蓄をしない」など経済的な課題とも関係してくる。どんな事例があるだろう。

S：「計画性なしにブランド品ばかり購入する」

S：「衝動買いをしてしまう」

S：「服を着ないのについつい買ってしまう」

T：『買い物以外にはありませんか？』

S：「健康に悪いのに好きな食べ物ばかり食べる」

S：「年金の積み立てをしない」

T：『不健康だと病気になり国の医療費も増えます。年金は，将来のことを考えて積み立てるわけですから，自制心がないと積み立てない可能性が高いです』

3　＋αの展開例

「自制心」をキーワードに，これからの人生を堅実的，計画的に生きる「自制心」をつけるためにできることを考えさせる。

参考文献

・「すぐに使える新経済学」『週刊エコノミスト』2017年12月12日号（毎日新聞出版）

13 行動経済学

ジェネリック（後発）医薬品が増えてきたわけ

1 現代社会の見方・考え方を鍛えるポイント

「行動経済学」では，意思決定は，「初期設定」（デフォルト）に大きく影響されてしまうとの考え方がある。本稿では，臓器移植とジェネリック（後発）医薬品から初期設定の見方・考え方を鍛える。

2 展開と指導の流れ

1 臓器提供と初期設定

「『脳死』した場合，『臓器移植』をしてもいいか」と問う。$\frac{2}{3}$程度の生徒は「していい」と答える。

> **クイズ** 臓器提供の意思表示をした人は，2017年は12.7％だった。また，臓器提供したいと思っている人は全体の約何％だろうか？
> 約30％／約40％／約50％／約70％

> **A 答え** 約40％

> **クイズ** EUで臓器提供の意思表示をした人は，オーストリア（99.98％），ベルギー（約98％），フランス（約99％），であった（2017年）。ドイツは？

> **A 答え** 約12％

❓考えよう なぜドイツでは臓器提供を意思表示する人が少ないのか？

S：「冷たい性格」「それはない」
S：「社会で認知されていない」
T：『答えは意外に単純です。例えば、オーストリアでは、明示的にドナーなることを否定していない限り、ドナーになることに同意していることになっています。ドイツは、明示的にドナーになることに同意していなければ拒否したとみなされるという初期設定があります』

2 ジェネリック（後発）医薬品と初期設定

クイズ
① 日本のジェネリック（後発）医薬品の数量シェアはどれくらいか（2016年）？
　　　　　約40％／約60％／約80％
② 価格はジェネリック（後発）医薬品でないものと比較し、どのくらい安くなるか（2017年）
　　　　　1～2割／4～5割／6～7割
③ 何種類くらいあるのか（2011年）
　　　　　約200種／約400種／約600種／約800種
④ 特許は何年でなくなるのか
　　　　　10年／20年／30年

Ⓐ 答え ① 約60％　② 4～5割　③ 約400種　④ 20年

❓考えよう ジェネリック（後発）医薬品を普及するために厚生労働省が行った政策を初期設定から考えよう。

S:「今まではチェックしたときだけジェネリックにしていたのを，チェックしなければ自動的にジェネリックになるようにした（2008年）」

T:『その通りです。医者で，先発医薬品を使わなくてはならないと思う人はどれくらいでしょう？』

S:「約50％」

T:『2007年の調査によると約30％だとされています。2020年9月までに，ジェネリックの使用割合を80％とし，できる限り早期に達成できるよう閣議決定されました。

＊私の「調剤依頼書」をみると，「変更不可」という欄があり，医者がチェックするようになっている。

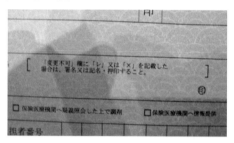

3　ジェネリック（後発）医薬品と医療費

❓考えよう　ジェネリック（後発）医薬品のメリットは何か？

S:「負担が少なくなる」

T:『例えば，1年間で認知症の薬だと18,615円，高血圧だと2,190円安くなるとの資料があります』

S:「国の医療費の削減」

T:『1年間に使われる医薬品のうち，変更可能なものをジェネリックにするだけで，約1.3兆円の薬代が抑えられます』

S:「おばあちゃんが水なしでも飲めるようになったといっていた」

T:『錠剤を小さくしたりコーティングなどで苦みを少なくできます。デメ

リットはありませんか？』

S：「多くの資金をかけて開発した会社が気の毒」

S：「だから20年という特許があるんだ」

T：『国や個人の負担が少なくなることからも効率的です。少子高齢化も進み，このままいくと，2025年には日本の医療費は60兆円を超えるといわれています』

3 ＋αの展開例

　企業から届く迷惑メールや，通販で買い物をすると広告メールが大量に届く事例がある。このことを避けるために，消費者から「送信してほしい」との意思表示がある場合のみ広告メールを送るという制度に変更された（2008年6月「改正特定商取引法」が成立）。

参考文献

・「すぐに使える新経済学」『週刊エコノミスト』2017年12月12日号（毎日新聞出版）
・ミニガイドブック『なぜ？なに？ジェネリック医薬品』（東和薬品）2018年

14 行動経済学
人に流されるあなたでも，世の中のために

1 現代社会の見方・考え方を鍛えるポイント

　経済学では，自分の利益追求を最大限にすることを前提とする。しかし，実際に経済活動を行う人間は，中途半端な情報で判断したり，理性より感情が先だったりする。行動経済学は，合理的な人間像では説明できない現象を分析する。本稿では，トイレやコンビニなどの日常生活で，人々を誘導する"ナッジ"の事例から「地球環境問題」など地球的課題への活用を考える。

2 展開と指導の流れ

1 こうしてあなたも人に流される

?考えよう エスカレーターで人はなぜ一方に並ぶのか？

　東京は右，大阪は左を空ける。大阪で左を空けるのは1970年の大阪万博でエスカレーターがつくられ，外国人がそうしたことに由来する。
S：「だって，みんなそう並ぶから一人だけ逆にしたら邪魔になる」
S：「浮いてしまって注意される」
T：『つまり，自分だけ行動を変えても得にならない暗黙のルールがつくられているから，そうするということですね』

グループ討議 日常生活で他の事例はないか？

S：「電気製品を買うときに無難なメーカー品を買う」
S：「小説を買うときにベストセラーを買う」

S:「スポーツではみんなが応援するチームを応援する」
S:「世界でも日本でも英語を勉強する人が多いから，英語を勉強する」
S:「行列のあるラーメン屋に並ぶほうが味は無難」

　「ナッジ」の考えを活用し，あまり客のこないレストランがお客を増やす方法として，外に椅子を並べるだけで，レストランが繁盛した事例もある。

2　"人に流される"性質は社会を変える

> **フォトランゲージ**　次の写真は何か？

S:「トイレ」「男性用の小便トイレ」
S:「なんか印がついている」
S:「アリがついているのでは？」
S:「あえて書いているのでは？」
T:『ここには蜂の絵が描いてあります』
S:「めがけておしっこをするように」(笑)
T:『そうです。でも，なぜ，こんな絵を描くのでしょうか？』
S:「トイレが汚れないように」
T:『これにより，トイレの汚れが減り清掃する時間が約8割削減されたそうです』

*「ナッジ」は，英語で「相手を肘で軽くつつく」という意味である。人それぞれの選択の自由は尊重した上で，選択肢を工夫することで，世の中をよくしようとする。コンビニも右のような「ちょっとした工夫」で，みんなが整然と並ぶようになった。

3　地球環境問題への活用

　「ナッジ」の考え方で，世の中を変えることも可能である。家庭の省エネを促すために政府が「地球環境に優しくしましょう」と呼びかけても効果は

あがらないが,「あなたの地域で同じ家族構成の家では,節電によって電気代がこれだけ減りました」というアピールを行うと節電が増えた。

❓考えよう 次の①～③のことについて,どのような表示(アピール)をすればいいか。

① ホテルのタオル,環境保護のためにタオルを再利用してください

② できるだけクーラーではなく,扇風機を使用してください

③ できるだけ電気を節約するようにしてください

〈回答例〉

①「このホテルの75%の人がタオルを再利用しています」

②「お宅とよく似たご家庭は省エネのため扇風機を使っています」

③「お宅の電気料金はよく似たご家庭より年間10,000円ほど多いです」

3 ＋αの展開例

　環境問題以外の「ナッジ」の応用例について考えさせたい。イギリスでは,税金の滞納者に,同じ地域に住む住民の納税率を記載して通知すると,納税率が上昇した。蛇足だが,私の出身大学の陸上部OB会が,「会費払い込み者名一覧」を会誌に記載するのも,「ナッジ」から考えると理解できる。また,イギリスでスーパーマーケットの砂糖入り飲料の棚に「HIGH SUGAR」の表示をしたところ,健康飲料を選ぶ客が増え,肥満抑制に一定の効果をあげた。日本における防災・復興のための増税についても「災害復興のため,消費税の増税を!」よりも「復興を目指し,復興税の創設を!」の方が,納税意欲は高まるはずである。

　実践での活用については,慎重な扱いが不可欠である。行動経済学で,人を誘導することには倫理的問題が生じることもある。なぜなら,悪用される可能性があり,事例のように道徳的な合意が得られる内容でなくてはならな

いからだ。また，事例で紹介した「環境問題」などの社会の構造に起因する問題は，個人の問題で簡単に解決するものではない。まして誘導により改善するという認識を持たせることは，社会のあり方の根底にある事象の価値判断をする社会科教育本来の目的とは異なる。従って，「ナッジ」を，単元のどの箇所でどのように扱うのか，その検証が不可欠である。

参考文献

・真壁昭夫『知識ゼロでも今すぐ使える！行動経済学見るだけノート』（宝島社）2018年

経済課題

世界を変えた プラザホテルでの合意

1 現代社会の見方・考え方を鍛えるポイント

　経済活動が我々の社会生活にあらゆる面で密接な関わりを持っていることをふまえ，今日の経済の諸課題について，その課題を解決しようとする力を養うことが大切である。本稿では「プラザ合意」が，その後の世界経済に与えた影響について考察する。

2 展開と指導の流れ

1　1980年代半ば　貿易摩擦って何？

フォトランゲージ　次の写真は誰が何をしているのか？

S：「自動車を壊している」
T：『誰でしょうか？』
S：「アメリカ人」
T：『1980年代半ば，アメリカの自動車会社の労働者が日本車を叩き壊しています。なぜでしょう？』

S：「アメリカにとってライバルだから」「経営が苦しくなったから」
S：「日本車の性能がいいのでアメリカの自動車が売れない」
＊"貿易摩擦"の意味を解説し，日本はアメリカと衣類，鉄鋼，テレビ，自動車，半導体をめぐり貿易摩擦があったことを確認する。
＊「日本車を壊すアメリカの労働者」の映像を観る。

2 1985年9月 プラザ合意

❓考えよう 『朝日新聞』（1985年9月24日）の一面の題字である。（ ）に当てはまる言葉を考えよう

「五か国蔵相会議で合意」「ドル（ア）修正へ協調強化」
「市場に積極介入」「各国が努力目標，日本は（イ）拡大」

T：『五か国ってどこの国？』
S：「アメリカ」「日本」「中国」「イギリス」「……」
T：『アメリカ，イギリス，日本，そしてフランスと西ドイツです。この5か国がプラザホテルに集まり貿易摩擦の解決策を話し合いました』
S：「アはドル高では？」
T：『そうです。ドルは過大に評価されているとして，ドル高是正を決定しました』
S：「イは円安」「消費では？」
T：『別の言葉で内需です。つまり，アメリカなどへの輸出はひかえ，日本国内で需要を増やそうということです。その後，円高が進行しました』
＊1985年9月26日1ドル222円→1986年2月10日188円→7月15日159円。

3 ＋αの展開例

1985年から1年もたたないで約70円の円高になり，どんな企業が影響を受けたかを考える。輸出関連企業は円高になるとかなり影響を受けることを確認する。

参考文献

・岡本勉『1985年の無条件降伏』（光文社新書）2018年

第4章 現代社会の見方・考え方を鍛える「私たちと経済」大人もハマる授業ネタ　107

16 経済課題
"バブル"と浮かれていた あの頃

1 現代社会の見方・考え方を鍛えるポイント

　経済活動が我々の社会生活にあらゆる面で密接な関わりを持っていることをふまえ，今日の経済活動に関する諸問題について着目し，その課題を解決しようとする力を養うことが大切である。本稿では，「バブル崩壊」がその後の日本経済に与えた影響を考察し，現代社会の見方・考え方を鍛える。

2 展開と指導の流れ

1 クイズで考える日本経済

クイズ
① 「住友銀行」と「さくら銀行」は何銀行になったか。
② 「サザエさん」のCMから撤退したメーカーは？
③ 日本企業の海外進出が続き，産業の空洞化が進んでいる。2001年には，進出先は中国，ASEAN，北米，NIES，EUの順だが，EUへは400社である。中国へは何社くらいだったか。
④ プロ野球球団。次のチームの変遷を考えよう。
　・南海ホークス→福岡ダイエーホークス→（ア）
　・大洋ホエールズ→横浜ベイスターズ→（イ）

A 答え ① 「三井住友銀行」　② 東芝　③ 約1,700社
④ （ア）福岡ソフトバンクホークス／（イ）横浜DeNAベイスターズ

2 バブルからバブル崩壊へ（1988〜1990年）

映画『バブルへGO!! タイムマシンはドラム式』の一部を視聴。

松任谷由美『恋人がサンタクロース』を流し，バブルのイメージを聞く。

？考えよう バブル期の次の事項から "バブル" とは何か考えよう。

・映画『私を（①）に連れてって』

・リゲインのコマーシャル「（②）時間戦えますか」

・ディスコ「（③）東京」

・安田海上火災保険がゴッホの名画「ひまわり」を（④）億円で落札

・銀行「（⑤）を借りてくれませんか」

・株価の上昇「1989年12月29日日経平均（⑥）万8,915円」

・大卒者の求人倍率「1991年には約（⑦）倍」

Ⓐ答え

① スキー　② 24　③ ジュリアナ　④ 53　⑤ お金　⑥ 3　⑦ 2.8倍

＊①から⑦について説明（略）。

Ｔ：『バブルってどんな状態でしょう？』

Ｓ：「とにかく景気がいい」

Ｓ：「遊びまくっている」

Ｓ：「働くところがいっぱいある」

Ｔ：『求人倍率が2.8倍ということは一人に対して，約３件の求人があります』

Ｔ：『「お金を借りてくれませんか」は，銀行の言葉ですが，どういう意味でしょう？』

Ｓ：「銀行にいっぱいお金があるから借りてください」

Ｔ：『どうしてお金がいっぱいになったのでしょう』

Ｓ：「儲けた？」

Ｔ：『円高になり企業が大変だから日銀がお金を低い利子で貸し出しました』

Ｓ：「それでお金が市場に多く出回る」

第4章　現代社会の見方・考え方を鍛える「私たちと経済」大人もハマる授業ネタ　109

T：『お金が多くなると消費者は？』

S：「ものを買う」

T：『でも物価は上昇しますよね。余ったお金で企業は設備投資もしますが，なにを買ったでしょう』

S：「家」「ビル」「絵画」「ゴッホの絵が53億円ってびっくり」

T：『土地や株式を購入しました。どうなりますか？』

S：「値段が上がる」「株価は３万8,915円なんだ」

T：『この株価は今でも最高です。土地も値上がりし，"億ション"という言葉も生まれました。そこで大蔵省は，銀行に不動産への融資をひかえるよう指導しました』

S：「みんな土地を買わなくなるから地価が下がる」

＊不動産価格の低下により企業や投資家が返却できなくなり不良債権が生まれた。1992年夏，大手銀行21行で負債総額は８兆円と発表したが，後になり100兆円に達する勢いだったとわかる。

3　日本経済の興亡と未来

　バブル崩壊により，1997年北海道拓殖銀行，山一證券が倒産し，その後，大手銀行の合併が続く。2002年には，第一勧銀，富士銀行，日本興業銀行が合併し「みずほ銀行」に，2006年には東京三菱銀行とUFJ銀行が合併し，「三菱東京UFJ銀行（現在は三菱UFJ銀行）」となり，大型銀行の合併が続いた。

？ 考えよう　その後の日本について，次の①～⑥に当てはまる言葉や数字を選ぼう。

・1999年に有効求人倍率は（①）倍になる

・2011年，名目GDPで（②）に抜かれ，世界３位に

・2011年３月11日（③）が起こる

・2012年５月には，１ドル＝約（④）円になった

・2012年11月14日の株価は（⑤）円である

・2016年シャープは，液晶テレビに再起をかけたが，（⑥）企業の傘下に入った

Ⓐ 答え

① 0.48　② 中国　③ 東日本大震災　④ 79　⑤ 8,664　⑥ 台湾

＊電機メーカーの苦難が続いている。NECは，各地のパソコン工場を閉鎖し，三洋電機はパナソニックに吸収・解体された。円高が進んだ結果，日本企業はアメリカ，中国，東南アジアなど海外で生産するようになり産業空洞化が加速化した。国内の働き口が減るだけではなく，2004年以降は，製造業での非正規労働が可能になり，低賃金化が進行している。

3　＋αの展開例

　日本の未来像を展望してみよう。アメリカでは，マイクロソフト，アップル，インテル，グーグル，ヤフーと，IT企業が元気だ。中国でも，バイドゥ，アリババ，テンセントなど。日本は，冒頭の球団スポンサーは，ソフトバンク，DeNAもあるが，楽天は近鉄がプロ野球から撤退した際，戦力外選手を母体として発足した球団だ。電鉄会社，スーパー，IT企業と日本経済を担う企業が変わってきたことがわかる。トヨタをはじめ自動車業界もITからAIへとシフトしている。日本経済の再生のカギは，働き方を改革しつつ，第四次産業革命であるAI社会にどう参画していくかである。

参考文献

・坂井豊貴『年表とトピックでいまを読み解く ニッポン戦後経済史』（NHK出版）2018年
・茂木誠『経済は世界史から学べ！』（ダイヤモンド社）2013年
・岡本勉『1985年の無条件降伏』（光文社新書）2018年

第5章

現代社会の見方・考え方を鍛える

「私たちと
国際社会の諸課題」
大人もハマる授業ネタ

1 国際連合

国際連合はどんな言葉で話し合ってるの？

1 現代社会の見方・考え方を鍛えるポイント

　学習指導要領では「国際社会」の見方・考え方として，「協調」「持続可能性」が提示されている。知識の習得だけではなく，「しくみはどうやって決められたのか？」「そのしくみは誰にとって都合がいいものであったのか？」「当時の社会は，今日の社会にどんな影響を与えたのか？」などを"考察"し，見方・考え方を鍛えることが大切である。

2 展開と指導の流れ

1 総会では，どうして話し合っているの？

> **Q 発問** 国連は193か国が加盟している（2017年）。国連総会で話し合いをするとき，どうしているのか？

S：「自国語でしゃべれば，同時通訳をしてくれる」
S：「自国語でしゃべると英語に通訳される」
T：『数種の言語が，公用語で，その言葉で話せば，自国語に自動的に翻訳してくれます』

> **✎ 書く** 1973年までは5か国語が公用語だった。5か国語とは何か。

S：「英語」「人口の多い中国語」
T：『2つとも正解です！』
S：「日本語」

114

T：『どうしてですか？』

S：「国連でいろいろ貢献しているから」

T：『国連分担金は2位です（2016年）が，公用語にはなっていません。その理由は？』

S：「日本語は複雑」「しゃべれる人が少ない」

T：『ヒントは国連がつくられたねらいと関係しています』

S：「連合国の敵だった」

T：『ということだとだめな言語は』

S：「ドイツ語」「イタリア語」

T：『つまり旧枢軸国の言語は公用語になっていません』

S：「ロシア語」

T：『旧ソ連ですね。公用語です。あと二つは？』

S：「フランス語」

T：『あと一つ』

S：「ポルトガル語」

T：『おしい！』

S：「スペイン語」

T：『正解です。過去において多くの植民地を持っていたので，スペイン語を使う人も多く，創設当時20以上の加盟国の言葉でした。英語，中国語，ロシア語，フランス語といえば国連での役割は？』

S：「大国？」

T：『アメリカ，イギリス，フランス，中国，そしてロシア。つまり国連安全保障理事会の常任理事国です』

2　増えた公用語

Q 発問 1973年から，公用語が一つ増えた。何語か。

S：「戦争に対する反省もしているということで，ドイツ語」

第5章　現代社会の見方・考え方を鍛える「私たちと国際社会の諸課題」大人もハマる授業ネタ　115

S：「国連に分担金を多く出しているので日本」

S：「この頃からアジアパワーが出てきた。人口も多いインドの言葉では」

T：『アラビア語です。1973年といえば，オイルショックがあった頃です。アラビア諸国の力が強まり，発展途上国からの圧倒的な支持を得て公用語になりました』

3　国連安全保障理事会常任理事国と拒否権

「国際平和と安全の維持について主要な責任」を果たすのが目的である。国連設立の基礎になった大西洋憲章は，1941年に英米間で合意された。

> **❓考えよう**　ここでは「5大国」について議論された。イギリスとアメリカがすぐに決定されたが，中国，ソ連（現ロシア），フランスの常任理事国については，それぞれ疑問があった。その理由は？

S：「中国は，面積も人口も多い」

S：「日本と粘り強く戦っている」

T：『面積や人口，そして，日本との戦いが評価されました』

S：「ソ連は社会主義国なので常任理事国にはさせたくないのでは」

S：「でも世界平和のためには仕方ないのでは」

T：『ソ連は国際協調のためには常任理事国にせざるを得なかったという理由です』

S：「フランスは，ファッション」

S：「1941年だよ」「芸術」

T：『1940年にドイツに敗れて降伏しており，アメリカが「大国」と認められないと主張しましたが，イギリスが戦後のヨーロッパを立て直すパートナーとして強く要望したことで実現しました』

> **クイズ** 大国間の協調なしには国連の存続自体が危うくなるという現実的判断から，5大国には拒否権がある。1945年以降，2012年までで，発動回数が多かったベスト5は？

＊アメリカ→ロシア→中国→イギリス→フランスという回答が多い。

T：『もっとも多いのはロシアで127回です。その中で106回は1965年までで，加盟国をめぐることが多いです。なぜ加盟国に拘ったのでしょうか？』

S：「自分の陣営に有利な国を加盟させたい」「社会主義国だ」

T：『当時ソ連（ロシア）は他の4か国から孤立していました。最近は，クリミア問題やシリア内戦でも拒否権を発動しています』

S：「2位はアメリカかな」

T：『2位はアメリカで，83回です。アメリカは1970年以降が多いです。中東のイスラエルを批判する決議に拒否権を行使しています。3位はイギリス（32回），フランス（18回），中国（10回）になっています』

3 ＋αの展開例

「日本は常任理事国になるべきか？」を考えさせたい。加盟国の増加，ドイツの経済発展，発展途上国の成長などの国際社会の変容が見られる。日本は，国連分担金がアメリカについで多く，国連職員数も多い。日本が常任理事国になると軍事的貢献も要求され，平和主義に抵触するのではないかとの危惧もある。

参考文献

・河原和之『100万人が受けたい「中学公民」ウソ・ホント？授業』（明治図書）2012年
・坂東太郎『「国際関係」の基本がイチからわかる本』（日本実業出版社）2017年

国際連合

2 飢餓をなくすために
―国連 WFP―

1 現代社会の見方・考え方を鍛えるポイント

　「『国際連合をはじめとする国際機構などの役割』については，国際連合における持続可能な開発のための取組についても触れること」と中学校学習指導要領には書かれている。本稿では，飢餓と紛争を軸に国連の役割を考え，「協調」「持続可能性」に着目した見方・考え方を鍛える。

2 展開と指導の流れ

1　栄養強化ペースト

> **Q 発問** 次のモノは何？（実物を持参）

S：「保温に使う」
S：「枕かな？」
S：「あまりにも小さい」
T：『空から散布することもあるものです』
S：「中にプレゼントが入ってる」
T：『プレゼントでしょうか？　正解は，ピーナッツバターのようなペースト状の栄養強化食品です』

(c) WFP/Rein Skullerud

S：「そのまま，吸って食べられるんだ」
T：『国連 WFP が，紛争地など食料が届きにくい場所にも航空機で散布します』
S：「へっ！　すごい」

T:『災害や紛争時の緊急支援，栄養状態の改善などに取り組んでいます』

2 飢餓人口を予想しよう

> **クイズ** ① 飢餓で苦しんでいる人は世界人口の何人に1人か？
> ② 子どもは何人に1人か？

> ① 9人に1人　② 4人に1人

　世界で飢餓に苦しんでいる人は，8億2,100万人。2017年，5歳未満の子ども1億5,100万人，すなわち世界の4人に1人の子どもが「発育阻害」の状態にある。

3 学校給食が変える未来

> **グループ討議** 動画「おなじそらのした」（国連WFP提供映像資料）から二人の女の子の違いに注目しながら，感じたことをペアで話し合おう。

〈動画「おなじそらのした」〉
　学校に通い給食を食べている女の子と，貧しいため学校に行けず労働を強いられている女の子を対比させた後，学校給食により，貧しい女の子の生活がどのように変化するかを，切実性を持ち，臨場感豊かに表現した動画である。
S:「泣きそう」
S:「給食の大切さがわかった」
S:「後半の場面で二人の女の子が手を握り合っているのが印象的だった」

> **考えよう**「学校給食のある人生・ない人生」に，文章にあてはまるイラスト（略）の番号をグループで話し合いながら書き込んでいこう。

第5章　現代社会の見方・考え方を鍛える「私たちと国際社会の諸課題」大人もハマる授業ネタ　119

	〈給食のある人生〉	〈給食のない人生〉
	学んだ子どもたちの未来は広がる	低い賃金で生き延びるのがやっと，将来に希望がもてない
	満腹になって，健康に成長できる	食べられなくて，病気になることも
	学校にやっと通えるようになった	勉強したことがないから，読み書きも，計算もできない
	自分の将来に夢を描ける	水をくんだり，家畜の世話をしたり，大忙し
	読み書きを覚えたから，本を読んで勉強できる	ときには，ゴミを漁って生活したり，兵士にされる子ども
	栄養たっぷりの給食が食べられるように	未来の子どもたちにも同じ苦しみが続いてしまう

＊資料『給食のない人生』（国連 WFP パンフより筆者作成）を見せる。

　十分に食べ物と栄養を摂っていない子どもは，勉強に集中することが難しいということがわかっている。世界では，空腹のまま学校に通う子どもが大勢いる。また，学校に通うことすらできない子どもが6,400万人もいる（出典：ユネスコ）。貧しい家庭では，子どもを学校に通わせるか働かせるか，どちらかを選ばなければならないこともある。学校給食は，子どもを毎日学校へ通わせる重要なきっかけとなる。学校給食は子どものお腹を満たし，子どもは学習に集中できるようになり，出席率も向上する。子ども１人につき，１日およそ30円で，栄養たっぷりの給食を届けることができる。また，およそ5,000円で，１人の子どもに１年間給食を提供することができる（為替の変動によって費用に変化が生じる）。また一定の出席率を達成すると，家庭への持ち帰り用の食糧を提供する「持ち帰り食糧」という方法もある。

3 ＋αの展開例

　国連 WFP は，約80か国に食糧支援や学校給食を実施している。実施する

のにどれくらいのお金が必要なのか。そのことから「何ができるのか」を考える。

① 学校給食 1 日分（30円）

② 1 か月の間，5 人の家族を支える（10,000円）

③ 子ども一人に学校給食を 1 年間届ける（5,000円）

④ 栄養不良の子どもに 5 か月間栄養強化食品を届ける（10,000円）

⑤ 3 か月の間，10家族に緊急支援食糧を届ける（30,000円）

参考文献

・国連 WFP（国連食糧計画）冊子

国際協調

ロールプレーで北方領土問題を考える

1 現代社会の見方・考え方を鍛えるポイント

「領土」「国家主権」については，関連させて取り扱い，北方領土に関し残されている問題の平和的な手段による解決に向けて努力していることを理解する。本稿では，日本とロシアの双方の立場から，多様な意見を相対化しつつ見方・考え方を鍛える。

2 展開と指導の流れ

1 北方領土って？

北方領土に関するクイズ（略）
① 4島の面積は日本のどの都道府県とほぼ等しいか（千葉県に匹敵する）
② 終戦時に住んでいた人口（17,291人）
③ 今ロシア人は住んでいるか（歯舞諸島を除き，3島で16,668人（2016年）が在住）

2 北方4島の歴史

北方領土の白地図（略）を配布する。

> 📝 書く 明治以降，北方領土関係をめぐる条約がある。その条約を読みとり日本の領土部分に色塗りしよう。

① 1855年「日露通好条約」。択捉島から南は日本の領土。樺太は両国民の混住の地

② 1875年「樺太千島交換条約」。樺太を放棄し千島列島を譲り受ける
③ 1905年「ポーツマス条約」。南樺太が日本の領土に
④ 1951年「サンフランシスコ平和条約」。日本は千島列島と南樺太を放棄
（しかし，千島列島が国後，択捉島両島を含むという主張もある）

ロシアが領有しているのは，1945年終戦後の8月から9月にかけて旧ソ連が4島を占領したことによる。そして日本人約1,700人が退去させられた。

3　ロールプレーから領土問題を

① 10グループに分け「ロールプレーカード」を無差別に選ぶ

〈ロシア側〉返還反対
A　現在島に住んでいる住民／B　北方領土を侵略した元軍人
C　モスクワ在住の中学生／D　ロシアの国会議員
E　ロシア支持のドイツ人

〈日本側〉返還賛成
F　島の元住民／G　北海道に住む元日本人住民の孫／H　大阪の中学生
I　日本の国会議員／J　アメリカの軍人

② **参考資料を渡し，それぞれの主張を考える**

〈全員配布資料〉
「色丹島の現在の様子」「北方領土のエネルギー，水産資源，戦略的拠点の意義」「日本とロシアの考え方」など

〈ロシア側資料〉
「色丹島住民の返還反対意見」「ロシア人島民のアンケート」

〈日本側資料〉
「色丹島ロシア人住民の返還賛成意見」「北海道住民アンケート」

4　領土問題ロールプレー

 それぞれの立場により自分たちの主張を述べよう。

A 現在島に住んでいる住民：「生活も安定しているし，今さらでていけといわれても困る。日本人といっしょに住むというのも無理がある」

F 島の元住民：「故郷を追い出され，先祖の墓もそのままでとても悲しい気持ちだ。返してもらっても，生活はそのままで一緒にやっていきたい」

＊「先占」からは「日本」，「実行支配」からは「ロシア」に分がある。

C モスクワ在住の中学生：「戦争で手にいれた島だから，返す必要はない。また日本の吉田首相は千島列島には，国後，択捉島も含むといったのだから，返さなくてもいい。一緒に住むという案もあるようだがトラブルになる」

G 北海道に住む元日本人住民の孫：「生まれた土地なのに帰れないなんておかしい。返してもらっても追い出すのではなく，一緒に住むようにする」

＊共同管理という考えもあることを紹介する。

B 北方領土を侵略した元軍人：「多くの血を流し，この島で戦った。戦後も，多くの資金を使い，施設や設備，会社もつくり，多くのロシア人が住むようになった」

H 大阪の中学生：「戦争でとったというのがまずだめ。すでに，住んでるからしかたない面もある。択捉島はロシア，国後島は日本ということにして決着すればどうか」

D ロシアの国会議員：「島の周辺は水産資源も豊かで，海も凍らなく，太平洋の出口として有効である」

I 日本の国会議員：「サンフランシスコ講和条約にロシアは調印していないので，いえる立場にない。しかも，中立条約を破棄して侵略してきた」

＊ロシア側は，資源，インフラ，戦略上の観点から主張しているが，日本側は，条約の観点からのロシア批判である。

E ロシア支持のドイツ人：「自分たちも日本と同様，戦争に負けて多くの土地をなくしている。戦争をしかけ，敗北したからには何もいえないと思う」

＊沖縄をアメリカが返還した事実を紹介した。

J アメリカの軍人：「沖縄は占領していたが，後で日本に返還している。ロシアもそうすべきだ」

＊戦争により多くの領土を割譲されたドイツと，戦後に日本を占領していたアメリカからの主張である。

5　解決の方法は？

> **グループ討議** 以上のロールプレーをふまえ，解決の方法を考えよう。

・まずは誰も住んでいない歯舞諸島を返還する。その後色丹島も返却し，日本人との共同での国づくりを行い，あと残りの国後，択捉島の返還を考える

・ロシア人も住んでいるので，追い出すわけにはいかない。共同管理を行い日本とロシアの両方の統治を認めるやりかたをする。具体的にはロシアの企業はそのまま存続か合同会社としたらどうか

・北方領土は，ロシア人が中立条約を破り，日本の降伏後も戦争をした結果できたものだ。その意味で，主権は日本にある

3　＋αの展開例

「竹島」「尖閣列島」についても，我が国の領土であることをふまえ，韓国や中国の主張も含め相対化し，多面的・多角的に扱う事ができる。

参考文献

・孫崎亨『日本の国境問題 尖閣・竹島・北方領土』（ちくま新書）2011年
・『日本の領土がよくわかる本』（普遊舎ムック）2014年

持続可能性

街の本屋さん

1 現代社会の見方・考え方を鍛えるポイント

持続可能な社会については，将来の世代のニーズを満たすようにしながら，現在の世代のニーズを満たすような社会の形成を意味している。本稿では，「街の本屋」を題材に"地域間の公平"に対する見方・考え方を鍛える。

2 展開と指導の流れ

1 減ってきた街の本屋

クイズ 全国の書店数が減っている。2000年には21,495店あったのが，2015年には何店になったのだろう。

13,488店／15,488店／17,488店

A 答え 13,488店

大阪府でも1,669店（2000年）から947店（2015年）に減っている。

2 なぜ減ってきたか

？考えよう なぜ街の本屋さんが減ってきたのか？ そのワケを考えよう。

S:「地域の本屋さんで本を買ったことがある人は？」
かなり多くの生徒が挙手する。

Ｔ：『何を買ったんですか？』

Ｓ：「マンガ」「週刊誌」「写真集」「雑誌」「旅行本」

Ｔ：『街の本屋さんがどんどん潰れています。なぜでしょうか？』

Ｓ：「通販で買うほうが便利」

Ｔ：『情報化社会の進展でしょうか。通販で本を買っている人は？』

　10数名でそう多くない。

Ｓ：「買うんだったら大きい本屋に行ったほうがいっぱい揃っている」

Ｓ：「本そのものを読まなくなった」「雑誌はコンビニのほうが充実してる」

Ｔ：『街の本屋さんでこれまでもっとも売れていたのは何でしょうか？』

Ｓ：「旅行雑誌」「家庭の医学」「週刊誌」

Ｔ：『雑誌が圧倒的でした。雑誌の販売数そのものは増えていますか？』

　全員減っていると考えている。

＊グラフを提示する。月刊誌，週刊誌の総販売冊数は，2001年，約33億冊だったが，2011年には約20億冊と大幅に減少している（『出版科学研究所』2015年統計より）。

3　＋αの展開例

　街の本屋さんが生き残っていける方法を考える。

Ｓ：「これからどんどん高齢者が増えてくるので，高齢者向けの宅配便本屋」

Ｓ：「カフェのある BOOK 喫茶」

Ｓ：「特定の客をターゲットにしたマンガや週刊誌などに特化した本屋」

Ｓ：「休憩スペースにマッサージ器のある本屋」

Ｓ：「ジムの中に併設し，読書と運動の両方ができる」

Ｓ：「本を CD，ゲーム機などと一緒に販売する」

参考文献

・『朝日新聞』2016年２月29日

5 持続可能性
エネルギーの過去・現在・未来

1 現代社会の見方・考え方を鍛えるポイント

　エネルギーは，急流の河川が多いという自然条件から水力発電，大部分を海外からの輸入に頼っている火力発電，そして東日本大震災以降，政策が揺れている原子力発電などがある。そして，風力発電や太陽光発電などの新しいエネルギーの開発に努力していることを理解する。また，電力自由化における選択を考えることを通してエネルギーへの見方・考え方を鍛える。

2 展開と指導の流れ

1 エネルギーの歴史

？考えよう 日本のエネルギーの歴史に関する①～⑥に当てはまる語句を入れ，今後のエネルギー政策のあり方を考えよう。

・戦後しばらくは，日本の自然条件から（①）発電が主流
・高度経済成長期には国内に豊富にあった石炭を使った（②）発電が主流
・中東から安い（③）が輸入され石炭から主役が変わる（7割）
・1973年石油危機により（④）発電へ
　「全国17の原子力発電所で54基が運転」
　「1990年には原子力発電の割合は（⑤）％へ」
・2011年東日本大震災以降「脱原発」
・2014年　エネルギー基本計画「原発は重要な基幹電源」

128

「2030年の総発電量の原発に占める割合を（⑥）％」
・2015年　国連気候変動会議　196の国と地域がパリ協定を結ぶ
「CO_2などの温室効果ガスの排出を実質ゼロに」

Ⓐ答え
①　水力　②　火力　③　石油　④　原子力　⑤　約30%　⑥　約20%

＊2016年度のエネルギー構成は以下のようである。
石炭（24.1%）石油（43.1%）LNG（22.4%）原子力（0.7%）水力（3.1%）
再生エネルギー（6.6%）。

2　今後のエネルギー

グループ討議　エネルギー政策の歴史から，今後，どのようなエネルギー政策がいいか考え，発表しよう。

S：「エネルギーも時代の流れによって変化しているんだ」
S：「大事なのは，環境だから自然エネルギーでは」
S：「お金がかかる」
S：「原発も事故が起こらないよう安全を確保してやればいいのでは」
S：「地震は必ず起こる」
S：「耐震性に配慮すればいい」
S：「水力に戻すのもいい」
S：「ダムもけっこうお金がかかる」
S：「同じお金をかけるということなら自然再生エネルギーでいいじゃない」
S：「太陽光か……」
S：「風力も日本にとってはいい」
S：「私たちのグループは自然再生エネルギー」

＊2012年7月に自然エネルギーの電気を電力会社が高い値段で買い取ることを義務づけた「固定価格買取制度」がはじまっている。ただ，9割以上が太陽光発電である。

3　電気を買おう

　2016年4月から，北海道電力から沖縄電力までの従来の10電力会社を含め，新たに参入したサービス会社からも自由に電気を買うことができるようになった。電力会社以外に電気を供給しているサービス会社もあり，電力会社ふくめどこからも自由に買うことができる。各家庭は，様々な会社の料金やサービスの内容を見比べ自由に選ぶことができる。サービス会社は40社を超え，大阪ガス，昭和シェル，大阪いずみ市民生協，KDDIなどが参入している。

> **グループ討議**　君たちのグループは，どこから電気を買うか考えよう。
> ①　Wガス会社：電気とガスのセットになっており，幾分安い料金体系になっている
> ②　Oエネルギー：一番液化天然ガスや石油を輸入している会社なので，電力の一部を自前で確保できるので料金が安い
> ③　K携帯会社：携帯電話やスマホを販売している会社で，携帯料金と同時に支払いできる
> ④　コンビニR：電気の契約者には，全国のコンビニで使えるクーポン券が毎月もらえる

⑤ Ｉ市民生協：太陽光や風力など100％再生可能エネルギーでつくった電気を供給

⑥ Ｍスマートエネルギー：自治体が電気を販売する。市がお金を出している太陽光発電所でつくった電気を中心に，家庭で余った電気も買い，足りない分は九州電力から調達する

＊答えはない。自由に意見交換することから，消費者が電気を選択する主体になったことを確認するのがねらいである。

3 ＋αの展開例

電気の売り上げを，様々な施策に使っている事例を紹介する。

「福岡県みやまスマートエネルギー」は，電気の売り上げだけではなく，電気の販売を通じて町づくりをすることが目的である。高齢者の電気の利用状況を把握し安否をチェックしたり，地元の店で買い物ができるサービスも実施している。

参考文献

・『地理統計 2019年版』（帝国書院）2019年

・『朝日新聞』2016年4月1日

・「限りある資源とエネルギー」『今解き教室』2016年10月号（朝日新聞社）

6 持続可能性

なぜ都市化が進むのか？

1 現代社会の見方・考え方を鍛えるポイント

　現代社会の諸課題の解決に向けて，政治，経済などに関する様々な事象や課題を多様な視点（概念や理論）に着目して捉えたり，課題解決に向けて有用な概念や理論などと関連づけて考える。本稿では，「都市化」を題材に，ジグソー学習による現代社会の見方・考え方を鍛える実践事例を紹介する。

2 展開と指導の流れ

1 役割分担

> **?考えよう** 5人のグループをつくり以下の5点について分担する。どうして企業は都市に集中するのか？「インフラ」「労働」「消費」「（機会）費用」「都市化の問題点」から考えよう（ジグソー法）。

　授業は，コンピューター室で行う。都市化の現状については学習済み。
　グループ内の担当の人をエキスパートとする。エキスパートへのヒントを提示（略）し，説明する。

〈インフラ〉
S：「道路，鉄道など交通機関が整備されている」
S：「上下水道，電力が整備されている」

〈労働〉
S：「いろいろな個性を持った人がいる」
S：「会社に合った人を雇用できる」

〈消費〉

S：「人口が多いので消費が多様である」

S：「人口が少ない地域では難しい商品を販売できる」

〈（機会）費用〉

S：「交通通信費が安い」

S：「取引相手を見つける時間を節約できる」

S：「企業間の距離が短く，取引費用が節約できる」

〈都市化の問題点〉

S：「渋滞」「ゴミ」「二酸化炭素の排出」

2 調べ学習

🔍 探す　それぞれのエキスパートによる調べ学習を行う。

〈インフラ〉

S：「道が整備され移動しやすい」

S：「ものや情報が素早く手に入るので便利」

S：「中央官庁があるため，行政サービスが受けやすい」

〈労働〉

S：「最低賃金が高く，多くの労働者が集まる」

S：「就職する選択肢が多い」

S：「企業は人口が多いので能力の高い人を見つけることができる」

〈消費〉

S：「いろいろなサービスがある」

S：「ビッグサイズの服でも売れる」

S：「マイナー料理でも儲かる」

S：「スポーツクラブも人口が多いので維持できる」

S：「映画館，博物館などをつくっても経営が成り立つ」

〈（機会）費用〉

第5章　現代社会の見方・考え方を鍛える「私たちと国際社会の諸課題」大人もハマる授業ネタ　133

S：「地方では経験できないことを経験できる」

S：「華やかなイメージ」

S：「いろいろな施設やサービスがある」

S：「会社同士の情報交換や取引がしやすい」

〈都市化の問題点〉

S：「二酸化炭素の排出，ヒートアイランド現象など，地球温暖化の原因になる」

S：「犯罪が多くなる」

S：「物価が上がる」

S：「一つの混乱が起こると，大混乱に繋がる」

S：「地方の過疎化が深刻化する」

3　エキスパート単位の話し合い

まとめる 5種のエキスパートに分かれ，それぞれのプレゼンの後，新たな発見があったことを中心にまとめる。

〈インフラ〉

　交通機関が発達しているので，移動が便利になるだけではなく，駅の発達は，その周辺を活性化させます。駅に人が集まることにより，駅に地下街ができたり，駅周辺にコンビニが多くなります。また，宿泊者用のホテルが建設されます。都市はバリアフリー化にも対応しており，障がい者も電車による移動が可能になります。

〈労働〉

　労働者は，高い賃金を求めて都市に集中します。東京の最低賃金は，東京は985円，大阪は936円で，福岡を除く，九州の762円を見ると，その差は一目瞭然です（2018年実践時学生発表のものをそのまま記載）。企業も，多くの人が集まれば，その中からよりよい人材を確保できます。また，地方にない職種があり，個性を生かせる職があります。

〈消費〉
　都市化の広がりは，ループするように広がっていきます。人が多く集まることで，消費する金額が増え，得られた利益は賃金として，都市に暮らす人々に還元されます。また，他地域から人が集まれば，サービスも増え，消費が増えます。海外からも多くの観光客が訪れ，経済効果を生み出します。
〈(機会) 費用〉
　JR，地下鉄，私鉄，バスなど多様な公共機関が充実しており，都市部では，わざわざ自家用車を持つ必要がなく，自動車税の削減，通勤・通学費の削減，時間短縮にも繋がります。企業にとっても，「大量生産」「大量消費」が可能になり，効率がよくなります。
〈都市化の問題点〉
　交通渋滞や大気汚染など環境問題が多く見られます。自然は減少し，都市の空気はどんどん悪くなっていきます。集中して人が集まると，子どもが増え，待機児童問題が起こります。また，交通量の増加は，エネルギー消費を増やし，ヒートアイランド現象を引き起こします。そして，都市での災害は交通インフラに多大な損傷を負わせ，多額の修理費が発生します。都市が発達する一方で，地方はその分，どんどん衰退していきます。都市に人手をとられ，地方で働く人が少なくなり，満足のいくサービスができなくなってしまいます。

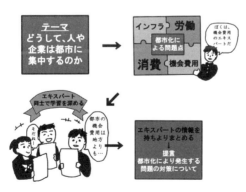

4 まとめから提言へ

＊エキスパートのプレゼンをもとに，別グループでまとめる。

？考えよう 都市化により発生する問題への対策を考えよう。

＊一部を紹介する。

A 保育所問題の解決と各省庁の地方移動

待機児童問題については，保育園の増設と保育士の賃金を上げることで対処する。また，地方の過疎化が進み，都市部で災害が発生する甚大な被害がでるという問題である。これは，現在，実験的に行われている各省庁に地方移転を推進すべきではないだろうか？　省庁の役人やそれに関わる企業が，地方に移動することで，地方の過疎化は抑制され，都市部で災害が発生しても，別の地域の省庁が対策指示を出すことができる。

B 緑を増やし，車の乗り入れを制限

ビルの屋上や街路樹，公園の緑化など植物を増やすことで温度上昇を抑えたり，憩いの場の提供に繋がります。車の乗り入れ制限について，ドイツなどヨーロッパを中心に実施されています。都市の手前で車を止め，公共交通機関を使い，都市部に向かうという制度です。違反者には罰金が科されます。これにより，排気ガス，騒音，振動の抑制が可能になります。

3 ＋αの展開例

都市化は，「比較優位」（許認可を得るのに官公庁が近い）「規模の経済」（大量生産が可能になり効率的），「集積の経済」（シリコンバレーにみられるような空間的近接性），「労働の多様性」（人口が多いと個性や特性のある人々が存在），「消費の多様性」（人口が多いと特殊な商品やサービスにも需要がある）からの考察が可能である。それぞれの意見や提案について，一般化することにより "概念化" することが可能である。渋滞による「混雑」の損失は全国で年間38.1億時間とされている。これは「機会費用」の損失であ

る。また，ゴミや二酸化炭素の排出による「外部不経済」がある。都市と地方との格差は，「市場原理」によるところが大きいが，「政府の役割」から，その対策について考察する必要がある。都市と地方では，社会的インフラの格差は拡大している。また，農業の衰退を補うため，公共事業により地方に雇用を生み出す政策は破綻している。このような「議論」をすることも可能である。

＊本稿は，近畿大学における「教育方法論」の授業をもとにまとめた。紹介したのは大学生の意見であるが，工夫すれば中高等学校でも実践可能である。

参考文献

・日本経済新聞社編『身近な疑問が解ける経済学』（日経文庫）2014年

持続可能性

移民国家への対応

1 現代社会の見方・考え方を鍛えるポイント

　私たちがよりよい社会を築いていくためにはどうしたらいいか，持続可能な社会を形成する観点から，「移民」という課題を探究し，見方・考え方を鍛える。

2 展開と指導の流れ

1 移民の現状

> **クイズ** 日本の移民について，次のクイズを考えよう。
> ① 日本の移民数は世界何位か。
> ② 出身国のベスト3はどこの国か。下から選ぼう。
> 　台湾／ベトナム／中国／フィリピン／インドネシア／タイ／ブラジル
> 　韓国／ネパール／米国

① 7位で約256万人（2017年）
　世界の移民数はアメリカ，ドイツ，オーストラリア，カナダ，イギリス，ロシア，日本，韓国，スペイン，フランスの順に多い。
② 2017年，1位中国（約74万人／28.1％），2位韓国（約45万人／17.2％），3位ベトナム（約29万人／11.1％）。以下，フィリピン，ブラジル，ネパール，台湾，米国，インドネシア，タイの順となる。

138

2　移民の現状から見えること

> **❓考えよう**　移民の数や出身国から気づいたことを交流しよう。

S：「日本って意外と移民の数が多い」

S：「アメリカ，オーストラリアなどは移民によってつくられた国だから当然か」

S：「フランスって，サッカーのメンバーを見ていると多いように思うけど，日本のほうが多いんだ」

S：「ドイツって難民とかを受け入れているもんね」

T：『ただ，他国に比べて外国人が総人口に占める割合は日本は1.7%です。割合が多いのは，ドイツの10.1%，イギリスの8.6%になります（2017年）』

S：「中国からの移民が多いのは驚き」

S：「韓国は，日本の植民地だったから，その関係もある」

T：『1980年代には在留外国人のほとんどが韓国・朝鮮出身者でした。1990年前後，どこの国が一気に増えてきたのでしょうか』

S：「中国」

T：『中国が韓国を抜くのは2005年頃です』

S：「ベトナム」

T：『ベトナムが増えてきたのは，つい最近のことで，留学生や技能実習生が大幅に増加しました』

S：「ブラジル」

S：「日系人がブラジルから移民になって帰ってきた」

T：『製造業などでブラジル人が多く働くようになりました。群馬県大泉町や静岡県浜松市などはブラジル人が多いので知られています。フィリピン人も1990年頃から増えています』

S：「介護や看護師とかも多い」

T：『フィリピンパブなど，歓楽的な仕事もしていました。だから女性が多

第5章　現代社会の見方・考え方を鍛える「私たちと国際社会の諸課題」大人もハマる授業ネタ　139

いです。日本人男性と結婚している人も多いです。最近，増加している
ベトナムとネパールは「若者」「単身」「労働者」という特徴があり，中
国や韓国の移民とは異なります』

3　これからの移民

❓考えよう　これからも移民の数は増えていくのだろうか？

＊ほぼ全員が「増える」。

T：『どうして，増えると思いますか』

S：「日本では少子高齢化が進んでいるから，増えるというより必要」

T：『でも，果たしてきてくれるのでしょうか？　日本で外国人労働者が増
　　えた1990年代は，日本経済が絶好調のときです。今は停滞しているので，
　　そんなに魅力のある国ではなくなっているのではないでしょうか』

S：「中国の方が仕事はいっぱいある」

S：「ブラジルも経済成長している」

T：『ベトナムも2007年頃の中国と変わらない水準になっています。韓国や
　　台湾との外国人労働者の獲得競争も熾烈になってきています』

4　移民への対応を考えよう

❓考えよう　これから移民が増えてくることが予想される。どんな取り
組みが必要か。

〈KJ法〉

① 5人程度のグループになる。テーマの説明（10分）

② 個人でポストイットに「移民に対する取り組み」を自由に書く（10分）

③ 意見をグループでグルーピングする（10分）

④ それぞれの表題を考える（5分）

⑤ グループごとの関係を以下のように表示する（5分）

・似たような関係（＝）　・対立関係（⇔）　・因果関係（→）

⑥ 発表（1グループ2分程度）

〈あるグループの例〉外国人と共に生きていける日本

《労働条件》	《言葉の壁をなくす》	《自由な行き来》
・正当な賃金を与える ・働く年数を自由にする ・自由にできる時間 ・健康診断をする ・旅行できるような賃金 ・単純労働だけではなく，能力のいる仕事	・本人や子どもへの教育を ・日本語教室を自治体で実施 ・日本人とのコミュニケーションができる場をつくる ・学校での特別日本語教室	・夫婦や子どもも一緒に ・何か本国で会った場合は帰れるように ・永住も希望で認める ・自由に国籍が選べるように
《日本を変える》	《日本を知り理解する》	《こんなことも》
・日本人の差別をなくす ・選挙権を与える ・交流を通じて言葉の理解へ ・移民国の文化に触れる機会	・日本のマナー講習 ・日本人と交流 ・日本観光の企画 ・年に数回の日本映画鑑賞	・大学からこられるようにし，日本に慣れる期間を保障 ・移民の交流会

3　＋αの展開例

　移民をめぐる世界の情勢について触れたい。移民国家アメリカで，EUの中心であるドイツ，フランス，そして，イギリス，イタリア，オーストリアなどで，移民の「排除」が，もはやニッチではなくなっている。欧米の先進国と相対化し，日本での移民政策について考える。

参考文献

・望月優太『ふたつの日本　「移民国家」の建前と現実』（講談社現代新書）2019年

8 持続可能性 パリ協定から日本がすべきことは？

1 現代社会の見方・考え方を鍛えるポイント

　持続可能な社会を形成することに向けて，社会的な見方・考え方を働かせ，課題を探究する活動を通して，私たちがよりよい社会を築いていくために解決すべき課題を多面的・多角的に考察，構想することが大切である。本稿では，地球環境問題についての事例から見方・考え方を鍛える。

2 展開と指導の流れ

1 天候異変

グループ討議 最近の天候異変で，感じたことを交流しよう。

＊話し合いの後，発表させる。
Aグループ：「夏がとにかく暑い」「大阪も夏はずっと35度を越えていた」
Bグループ：「台風の発生も多い」「しかも超大型って感じだった」
Cグループ：「日本でも熱中症で亡くなる人が多くなった」
　　　　　「集中豪雨が多くなった」

＊天候異変は，地球温暖化と関係していることを確認する。2018年は埼玉県熊谷市で41度の最高気温を記録した。また，2018年の台風21，24，25号はこれまでにないスーパー台風であり，これまでは，本土に台風がやってくると，勢力が弱まっていたのが，逆に強風になる。これは，日本近海の海水温度が上がったことによる。世界に目を向けると，ヨーロッパでも，熱波で多くの人が亡くなっている。

2　平均気温が１度上昇すると

> **❓考えよう**　世界の年間平均気温は，100年あたり0.71度の割合で上昇している。それも1800年代の産業革命期あたりからである。100年に１度程度だから，そうたいしたことはないのでは？

S：「……」「でも，今から100年後は？」

T：『何らアクションを起こさなければ今より4.5度上昇すると推測されます』

S：「4.5度はキツイ」

S：「沖縄と東京の年平均気温差が約１～２度だから，まあ普通に生活できそう」

S：「沖縄だったら生活できる」

S：「でも大雨や台風や熱中症がこれ以上になったら嫌」

T：『１度の気温上昇というと，大したことがないようですが，感染症を起こす蚊が北上したり，新たな病気もでてきます。異常気象の経済的損害もバカになりません』

S：「災害が起こるとお金もいるんだ」

T：『保険会社にも影響がでてきます』

＊２度上昇すると，海水の温度が上がりサンゴが白くなり死んでしまう。また，動物や昆虫は移動するが，植物などは死滅するケースもある。３度上昇すると，グリーンランドなどの氷床が大規模に溶け，海面が上昇する。

3　パリ協定

　2015年12月，フランスのパリで第21回国連気候変動枠組条約締約国会議（COP21）で「パリ協定」が採択されました。196か国と地域が一致して温暖化対策に取り組み，産業革命期からの気温の上昇を２度未満に抑える方向で努力しようという内容です。

第5章　現代社会の見方・考え方を鍛える「私たちと国際社会の諸課題」大人もハマる授業ネタ　143

クイズ 2030年度目標で2013年度と比較して，日本の温室効果ガスの排出に関する中期目標は次のどれか？

16％削減／26％削減／46％削減

A 答え 26％削減

「パリ協定」は，先進国だけに温暖化ガスの排出目標を割り当てた京都議定書と異なり，世界のすべての国が歩調をそろえたところに意義がある。アメリカは，2025年までに2005年比26～28％削減，欧州は2030年までに1990年比40％削減を目標にしていた。「パリ協定」では，先進国だけでなく，開発途上国も削減に努力するようになったことにも触れておきたい。

4 日本の取り組みは……

？ 考えよう 日本政府は，取り組むべき課題について，次のような内容をあげている。この中でもっとも有効な内容を１つ，まあまあな内容を２つ，あまり効果のない内容を１つ選ぼう。

〈企業〉

① 空調やボイラーなどにエネルギーをあまり使わない機器を使う

② 緑地を敷地につくり地表面の高温化を防ぐ

〈家庭〉

③ LED照明や燃料電池など省エネ機器類を使う

④ スマートメーターを使ってエネルギーを管理する

〈運輸・交通〉

⑤ 電気自動車など次世代の新車に占める割合を高める

⑥ 信号機の改善で渋滞を解消する

〈エネルギー〉

⑦ 再生エネルギーを導入

⑧ 安全性を確認できた原発の活用

〈ダイヤモンドランキング例〉

⑤ どんどん開発されているし，自動車を販売することで景気もよくなる
⑦ 石油や石炭を使わなくなり，電気なのでかなり大幅に削減が可能
③ 電気店で，それしか販売されないようにすれば比較的簡単にできる
⑥ 渋滞を解消するくらいでは，たいした削減にはならない

3　＋αの展開例

　地球温暖化を食い止めるには，企業のあり方や私たちの生活様式を根本的に見直し，エネルギーだけではなく，交通機関，都市機能などを持続可能なものに転換させていかなければならない。だが，アメリカのトランプ氏は，パリ協定からの離脱を宣言した。しかし，アメリカでは，二酸化炭素排出量は削減されている。これは，企業や家庭が削減に協調し，尽力しているからである。

参考文献

・日本経済新聞社編『Q＆A 日本経済のニュースがわかる！2017年版』（日本経済新聞出版社）2017年
・小竹洋之『迷走する超大国アメリカ』（日経プレミアシリーズ）2019年

持続可能性

スマホから見えるこんな世界

1 現代社会の見方・考え方を鍛えるポイント

　軽量で複雑な機能を持つ携帯やスマホには，希少金属が不可欠だ。日本でも，携帯やスマホの廃棄場所には，多くの希少金属が埋もれており"都市鉱山"といわれている。一方で，希少金属は，武装勢力の資金源にもなっている現実もある。持続可能な社会に向けて，子どもたちの身近なものである「スマホ」から，社会的な見方・考え方を働かせ，課題を探究する。

2 展開と指導の流れ

1　スマホと希少金属

> **クイズ**　携帯電話やスマホには，20種類以上の希少金属を使ったパーツがある。わずか数ミリで軽いこれらの金属を「レアメタル」という。次の機能をつかさどるレアメタルは何か？
> ① 携帯電話全体を振動させる　　② 硬くて壊れにくく軽い
> ③ 錆びにくくて電気を通しやすい　④ 電子部品を接着する
> ⑤ 長時間使える電池をつくる
> 　　　　　ニッケル／タングステン／コバルト／スズ／金

> **A 答え**
> ① タングステン　② ニッケル　③ 金　④ スズ　⑤ コバルト

2 日本の都市鉱山

> **？考えよう**
>
> 　金（16％），銀（22％），銅（8.1％），アンチモン（19％），インジウム（16％），レアアース（0.35％）（2015年）。この数字は何か考えよう。

S：「どこかの国の世界の生産量に対する割合」

T：『どこの国でしょう？』

S：「金だからアフリカ」「アメリカ」

S：「ロシア」「中国」

S：「日本」（笑）

T：『正解！　日本です。この数字は世界の天然埋蔵量に対する日本の割合を表した数字です』

S：「日本に金銀なんてあるのかな？」

S：「江戸時代には佐渡や石見にあった」

T：『これは現在の数字です』

＊スマホを提示する。

S：「携帯やスマホの中の金属かな？」

T：『そうです。日本で廃棄される家電を資源と見立てた呼び名で"都市鉱山"といわれます』

3　紛争鉱物！　お父さんにインタビュー

　紛争が続くコンゴやその周辺国で採掘され，流通するタンタル，タングステン，スズ，金の4種類は，一部武装勢力の資金源になっているとされている。国内では1キロあたり35ドル（約3,500円）だが，東南アジアに持っていけば，10倍で売れる。

＊事前に新聞記事を参考に自習する。

第5章　現代社会の見方・考え方を鍛える「私たちと国際社会の諸課題」大人もハマる授業ネタ　147

〈事前学習資料の一例〉

　地下約20mの坑道で，男たちがノミとハンマーを使い，タンタルを含む鉱石を掘り集めていた。ヘルメットなどの防具はなく，10代前半の少年たちの姿もある。周囲の村から常時，約400人が働きにきている。14歳の少年は「学校に行きたいが，お金がないので働いている」と話す。タンタルはスマホなどの電子機器に不可欠だが，コンゴ東部では武装勢力が採掘などに関与しているとされ世界的に規制の動きが広がる。

（『朝日新聞』2016年8月24日より筆者作成）

❓考えよう　お父さん（教師が役割演技）が，スマホを使ってゲームをしている。お父さんに，スマホの裏側にある事実を理解してもらうために質問してみよう（順次指名）。

子：「お父さん！　スマホに希少金属が使われているのを知ってるかな？」

父：『希少？　貴重じゃないのか？』

子：「レアメタルとも呼ばれるタングステン，タンタル，コバルト，スズ，金などだよ」

父：『それはどんな役割をしてるのかな？』

子：「金は，錆びにくくて電気を通しやすくする」

父：『他の金属は？』

子：「携帯電話全体を振動させるとか，電子部品を接着する等の金属がある。どんな人が生産しているか知ってるかな？」

父：『コンゴなどの労働者で安い賃金で働いているのでは』

子：「子どもも採掘現場で働いているっていわれている」

父：『へっ！　学校にも行けないね』

子：「でも一番の問題は，武装勢力の資金になってることだ」

父：『このような天然資源がらみの武力紛争はどれくらいあるのかな』

子：「約50件の戦争や武力紛争の約$\frac{1}{4}$は天然資源の奪い合いが背景にある。1990年代には，これらの紛争で500万人以上が亡くなってる」

子：「お父さん，古くなった携帯はどうしたの？」
父：『大事に家においている。見られたくない写真もあるし』(笑)
子：「2013年4月に"小型家電リサイクル法"が施行され，回収するようになっているよ。しかも2020年の東京オリンピック・パラピンピックのメダルにも使われる」

3 ＋αの展開例

　秋田県には，かつて248の鉱山があった。最後まで操業したのが小坂鉱山である。しかし，1980年代には，安い輸入鉱石との競争に敗れ，1990年には閉山に追い込まれた。しかし，1999年に転機が訪れた。スマホなどから希少金属をとりだす，精錬の技術が生かされる時代が訪れた。廃棄された携帯電話，自動車からは金，パラジウム，プラチナといった希少金属が回収できる。国がこの地区を"エコタウン"に指定し，県も施設設備への補助金を出し，支援する事業をはじめたことが追い風になった。

参考文献
・田中滋「スマホの真実」(消費者教育支援センター，ニュースレター176号) 2016年
・河原和之「私たちの行動が未来をつくる」(同上，180号) 2017年

あ と が き

　改めて「見方・考え方」とは何だろう？「13歳で結婚，14歳で出産，恋は，まだ知らない」。貧困の中で，過酷な人生を送っている途上国の女の子に「毎日」起こっている現実である。卒業前に，日本の女の子が，好きだった男の子の「第二ボタン」を懇願する淡い恋心がある。これは，戦時中に，出征する若者たちが戦場への旅立ちの日に，一番大切な人に思いを伝え形見として軍服の第二ボタンを渡していたことに由来する。第一ボタンを取るとだらしないが，第二ボタンだとわかりにくく，敬礼のときには手で隠れるためだといわれている。淡い「恋心」を通して，また「同世代」の若者から，世界と戦時中の "ほろ苦く" も "痛ましい" 事実が心に沁みわたる。「見方・考え方」とは，こんな事実から学び，他者との対話の中で，感性や認識を鍛えていくことではないだろうか？

　本書は，以上のような視点から「見方・考え方」に関する実践事例やプランを提案したものである。私は，すべての生徒が意欲的に学べる "学力差を乗り越えた" 授業をすることが，教師の "仕事の流儀" だと考え実践してきた。大学教育でも，それは同様である。手前みそだが，ある学生が「先生に習って，はじめて勉強って面白いと思いました。中学校時代に習っていたら，勉強が好きになっていたかもしれません」と，最後の授業で声をかけてくれた。また，別の学生は「先生の授業は万人に愛される授業だと思います」といってくれた。"わからない" とは叫ばないが，"机に伏す" 子どもたちに，何をしてきたのか？　私たちは，自問自答をすべきではないだろうか？

　本書は，13冊にも及ぶ著書を刊行させていただいた，明治図書出版の及川誠さんの尽力によるものである。また，校正，データ等を確認していただいた杉浦佐和子さんにも感謝している。この場を借りてお礼を申し上げたい。

2019年7月　　河原　和之

【著者紹介】
河原　和之（かわはら　かずゆき）
1952年，京都府木津町（現木津川市）生まれ。
関西学院大学社会学部卒。東大阪市の中学校に三十数年勤務。
東大阪市教育センター指導主事を経て，東大阪市立縄手中学校退職。
現在，立命館大学，近畿大学他，8校の非常勤講師。
授業のネタ研究会常任理事。経済教育学会理事。
NHK わくわく授業「コンビニから社会をみる」出演。

【著書】
『「歴史人物42人＋α」穴埋めエピソードワーク』『100万人が受けたい「中学社会」ウソ・ホント？授業』シリーズ（全3冊）『「本音」でつながる学級づくり 集団づくりの鉄則』『スペシャリスト直伝！中学校社会科授業成功の極意』『続・100万人が受けたい「中学社会」ウソ・ホント？授業』シリーズ（全3冊）（以上，明治図書）他多数

【イラストレーター紹介】
山本　松澤友里（やまもと　まつざわゆり）
1982年，大阪府生まれ。広島大学教育学部卒。
東大阪市の中学校に5年勤務。
『ダジャレで楽しむタイ語絵本』（TJブリッジタイ語教室）企画・編集・イラストを担当。

100万人が受けたい！
見方・考え方を鍛える「中学公民」
大人もハマる授業ネタ

2019年8月初版第1刷刊　Ⓒ著　者	河　原　和　之
2021年5月初版第3刷刊	
	発行者　藤　原　光　政
	発行所　明治図書出版株式会社
	http://www.meijitosho.co.jp
	（企画）及川　誠（校正）杉浦佐和子
	〒114-0023　東京都北区滝野川7-46-1
	振替00160-5-151318　電話03(5907)6703
＊検印省略	ご注文窓口　電話03(5907)6668
	組版所　長　野　印　刷　商　工　株　式　会　社

本書の無断コピーは，著作権・出版権にふれます。ご注意ください。

Printed in Japan　　　　　　ISBN978-4-18-371411-4

もれなくクーポンがもらえる！読者アンケートはこちらから→

中学地理「基礎基本」定着 面白パズル&テスト

得点力不足解消！

南畑 好伸 著

楽しく基礎基本定着！中学地理わくわく面白パズル＆ワーク

子どもたちが大好きなパズル教材・ワークを面白い・楽しいだけで終わらない「基礎基本定着」をポイントとして具体化。問題を解くと見えてくる「キーワード」でポイントがおさえられる！中学地理の各単元のまとめとしても使える，面白パズル＆テストが満載の必携の１冊。

Ｂ５判 136頁
本体2,200円＋税
図書番号 2849

社会科365日の板書型指導案　3・4年／5年／6年

全単元・全時間の流れが一目でわかる！

阿部 隆幸・板書型指導案研究会 他著

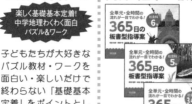

板書例＆ポイントがわかる！社会科365日の授業レシピ

社会科３６５日の授業づくりと板書例が一目でわかる！各学年の全単元・全時間の授業について①「板書」の実物例②授業のねらいと本時のポイント③「つかむ」「調べる」「まとめる」授業の流れ④つけたい力と評価のポイントまでを網羅した必携のガイドブックです。

3・4年
Ｂ５横判 168頁 本体2,400円＋税 図書番号 3096
5年
Ｂ５横判 120頁 本体2,260円＋税 図書番号 3097
6年
Ｂ５横判 128頁 本体2,260円＋税 図書番号 3098

子どもの思考と成長にこだわる！「わかる」社会科授業モデル

社会科授業サポートBOOKS

「わかる」社会科授業をどう創るか

思考の流れ＆教材研究にこだわる！
個性のある授業デザイン

木村博一 編著

【図書番号3104　Ａ５判・184頁・1,900円＋税】

どうすれば社会科授業を面白く，わかりやすく出来るのか。教材研究と子どもの思考にこだわり，一人一人の成長にこだわる「わかる」社会科授業について，そのポイントから教材づくりの視点，深い学びを実現する授業デザイン，指導展開例までをわかりやすくまとめました。

明治図書　携帯・スマートフォンからは **明治図書 ONLINE** へ　書籍の検索，注文ができます。

http://www.meijitosho.co.jp　＊併記４桁の図書番号（英数字）でHP，携帯での検索・注文が簡単に行えます。

〒114-0023　東京都北区滝野川７-46-１　ご注文窓口　TEL 03-5907-6668　FAX 050-3156-2790